Bienvenue à Oslo

Aker Brygge.
Ekely/iStock

Arriver à Oslo

DEPUIS OSLO-GARDERMOEN

Aéroport d'Oslo-Gardormoen (OSL) - À 49 km au nord-est. ☏ 06 400 - avinor.no. Vols internationaux et nationaux. Bureau d'informations (tourisme et transports), change et distributeurs automatiques.

En train

Flytoget Airport Express train - www.flytoget.no - 190 NOK. Dessert Oslo Sentralstasjon (Oslo S - gare centrale) en 19mn, puis le Théâtre national. Possibilité de payer avec votre smartphone *via* Flytoget App.
Trains locaux NSB - www.nsb.no - 101 NOK. Vers Oslo S en 23mn.

En bus

Flybussen - www.flybussen.no - 190 NOK. Vers la gare routière d'Oslo en 40mn.

Se déplacer à Oslo

*Les **transports en commun** sont gérés par **Ruter** (☏ 177 - ruter.no). Les tickets s'achètent aux bornes automatiques. Tarifs à l'unité : à l'avance 35 NOK, auprès du conducteur 55 NOK. Tarifs réduits pour les enfants, les étudiants et les personnes âgées. Pour réduire les coûts, carte 24h (105 NOK) ou 7 j. (249 NOK). **L'Oslo Pass** (voir p. 91) ne couvre pas les trajets entre Oslo et les aéroports.*
« Transports en commun », p. 94.

La passerelle Akrobaten conçue par L2 Architects.
Issaurinko/iStock

En taxi

Dans le hall des arrivées, le guichet *Taxi information desk* permet de réserver un taxi et de fixer un tarif. Comptez entre 700 et 900 NOK.

DEPUIS MOSS RYGGE

Aéroport de Moss Rygge (RYG) - À 65 km au sud de la ville. ☏ 69 23 00 00 - www.en.ryg.no. Desservi principalement par les vols *low cost*.

En train

De la **gare de Rygge** (www.nsb.no), le train rallie Oslo S en 49mn - 173 NOK. Le prix de la navette entre la gare et l'aéroport (8mn) est compris.

En bus

Rygge-Ekspressen - ryggeekspressen.no. Relie la gare routière d'Oslo en 1h05 - 180 NOK AS, 320 NOK AR (achat en ligne).

DEPUIS SANDEFJORD TORP

Aéroport de Sandefjord Torp (TRF) - À 120 km au sud-ouest. ☏ 33 42 70 00 - www.torp.no.

En train

Navette pour la **gare de Torp** (4mn), puis train NSB (www.nsb.no) pour Oslo S en 1h40 - 281 NOK AS.

En bus

Torp-Ekspressen - torpekspressen.no. Rejoint la gare routière d'Oslo en 1h45 - 259 NOK AS (achat en ligne).

Les immanquables

notre sélection des plus beaux sites

Aker Brygge★
Plan D6 - p. 26

Opéra national de Norvège★★
Plan F6 - p. 32

Musée Munch★★
Plan H4 - p. 34

Grünerløkka★
Plan FG2-4 - p. 35

Parc Vigeland★★
Plan BC2-3 - p. 47

Galerie nationale★★★
Plan E4-5 - p. 20

Musée des Bateaux vikings★★★
Plan A6-7 - p. 42

Fjord d'Oslo★★
Plan A4-F8 - p. 53

Nos coups de cœur

Admirer les variations du « Cri » de Munch, avant de découvrir les différents aspects de l'œuvre et de la vie de cet immense artiste au **musée Munch★★** *(voir p. 34)* qui lui est consacré, ou à la **Galerie nationale★★★** *(voir p. 20)*, où il côtoie d'autres artistes.

Passer une journée dans la presqu'île de Bygdøy pour y visiter ses fascinants musées qui vous transforment le temps d'une visite en viking et en explorateur. S'y rendre en bateau, ou à vélo en empruntant une belle piste cyclable. *Voir p. 41.*

Profiter de l'animation du 17 mai, jour de la Fête nationale. Musique, chants, costumes traditionnels, défilé des écoles jusqu'au Palais royal. Et bière... *Voir p. 106.*

Prendre le métro jusqu'au bout de la ligne 1. Il grimpe, domine la ville et achève sa course... dans la zone boisée de Holmenkollen où vous pourrez marcher, pédaler, skier, ou savourer un chocolat chaud dans un chalet du 19e s. *Voir p. 51.*

S'immerger dans l'ambiance bohème-chic de Grünerløkka le long des rives de l'**Akerselva** le samedi matin, ou durant les (très) longues soirées d'été : terrasses, barbecues sur les pelouses... *Voir p. 35.*

Remonter la rue Bogstadveien pour un lèche-vitrine chic. Ou faire de bonnes affaires sur les **marchés aux puces** du week-end, organisés dans les écoles. *Voir p. 76.*

Déambuler dans le parc Vigeland, magique en fin de journée, et essayer de trouver son sosie parmi les centaines de sculptures d'hommes, de femmes et d'enfants. *Voir p. 47.*

Sillonner les allées boisées d'Ekebergparken à la recherche d'œuvres signées par les plus

viggoant/iStock

Marché aux puces.

grands noms de l'art contemporain international, et jouir du panorama sur la capitale. *Voir p. 33.*

Se laisser porter par l'ambiance animée des bars et restaurants en terrasse du nouveau quartier d'**Aker Brygge** et **Tjuvholmen** *(voir p. 26)*, aménagé dans les anciens chantiers navals.

S'offrir un voyage à travers l'architecture du 20e s. en sillonnant les beaux quartiers qui cernent le Palais royal. *Voir p. 47.*

Arpenter les allées du Mathallen pour découvrir et goûter les fromages, poissons fumés et autres délices locaux. *Voir p. 65.*

Parcourir le musée de plein air Fetsund Lenser et ses beaux chemins flottants, témoignages de l'industrie du bois d'autrefois. *Voir p. 56.*

Admirer la reconquête du front de mer urbain en empruntant la nouvelle Havnepromenaden, sur 9 km de Bjørvika à Frognerkilen, bordée de cafés, marinas, plages et édifices futuristes comme l'**Operahuset**, *(voir p. 32)* et le nouveau **musée Munch** *(voir p. 33)*.

Quitter la ville en bateau pour découvrir les îles du fjord d'Oslo. Plages, rochers, villages aux maisons de bois, ruines, réserves naturelles... un autre monde! *Voir p. 53.*

ROMAOSLO/iStock

Télésiège à Holmenkollen.

Le ski! En hiver, glisser sur les pistes des environs. Assister à une course (Ski Festival en février ou mars) ou à un concours de saut à ski à Holmenkollen, et partager l'engouement des Norvégiens pour ces disciplines. Découvrez l'histoire de ce moyen de transport pas comme les autres, au musée du Ski. *Voir p. 51.*

Oslo en 3 jours

JOUR 1

Matin

Remontez **Karl Johans gate★** *(p. 14)*, la colonne vertébrale du centre-ville, en grande partie piétonne et bordée de belles façades. De la cathédrale, en passant par le Parlement, et jusqu'au **Palais royal** *(p. 22)*, vous découvrez l'animation de la capitale. Terminez la matinée à la **Galerie nationale★★★** *(p. 20)* en contemplant – entre autres – les tableaux de Munch. La fabuleuse collection en ferait presque oublier la pause de midi.

Après-midi

Après avoir déjeuné dans un café aux abords du Théâtre national, rejoignez le fjord, ici gardé par le massif **hôtel de ville** *(p. 24)*. Belle vue sur le ballet des bateaux. Parcourez ensuite les anciens chantiers navals et docks d'**Aker Brygge★** et de **Tjuvholmen** *(p. 26)* transformés en quartiers modernes et animés. Ponts multiples, quais, promenades, restaurants, édifices restaurés ou contemporains que l'on rêverait d'habiter... À la pointe de ces terres gagnées sur le fjord, une vue superbe et le

Anna Bryukhanova/iStock

Camion à gaufres au bord de l'eau.

> ***Prolongation...***
> *... Vivement conseillée pour consacrer une journée entière au* ***fjord d'Oslo★★*** *(p. 53). En bateau, rejoignez des îles, des villages de maisons de bois (comme Drøbak), des plages, des ruines romantiques, des réserves naturelles... Des lieux enchanteurs, où pédaler, marcher et se baigner. Vous n'aurez plus envie de rentrer !*

musée Astrup Fearnely★★ *(p. 27)*, dessiné par Renzo Piano.

▶ ***Soirée***

Les attirantes et très prisées terrasses d'**Aker Brygge★** vous réservent un spectacle enchanteur. Au programme : un dîner en regardant le soleil se coucher sur le fjord *(p. 62)*.

JOUR 2

▶ ***Matin***

Visitez la **Forteresse d'Akershus★** *(p. 28)* qui domine le port et les bateaux de croisières. Quelques musées (en particulier celui consacré à la Résistance) valent un arrêt. Puis empruntez la **Havnepromenaden★** le long des quais pour rejoindre l'**Opéra national de Norvège★★** *(p. 32)*, un fascinant édifice-paysage devenu le symbole du renouveau de la ville.

▶ ***Après-midi***

En fin de matinée ou début d'après-midi, « grimpez » en métro jusqu'au **musée Munch★★** *(p. 34)*. Puis prenez une bouffée d'air pur en flânant dans les massifs boisés de l'**Ekebergparken★** *(p. 33)* ou de **Nordmarka-Holmenkollen★** *(p. 51)*. Le premier pour ses installations d'art contemporain, le second pour son très photogénique tremplin de saut à ski. En été, quand les journées sont longues, vous pouvez préférer une excursion dans le **fjord d'Oslo★★** *(encadré ci-contre)*.

▶ ***Soirée***

Offrez-vous un dîner panoramique à **Holmenkollen** *(p. 64)* ou **Ekebergparken★**. Ou bien, de retour dans le centre-ville, rendez-vous dans le quartier jeune et animé de **Youngstorget** *(p. 15)*.

JOUR 3

▶ ***Matin et après-midi***

En bateau ou à vélo, rejoignez la péninsule de **Bygdøy★★★** *(p. 41)*. Une grande partie de la journée peut être consacrée à la visite des formidables musées qui s'y trouvent : vikings, folklore, explorateurs... Sur le trajet du retour, en bus ou à vélo, faites une halte au **parc Vigeland★★** *(p. 47)*.

▶ ***Fin d'après-midi et soirée***

Regagnez la ville et profitez de l'ambiance bohème et branchée du quartier de **Grünerløkka★** *(p. 35)*. Un marché aux puces s'y tient le dimanche *(p. 74)*.
De part et d'autre de la rivière **Akerselva** se déploient des ruelles bordées de maisons anciennes et des places animées. Les terrasses, cafés, restaurants et pelouses sont colonisés par les fêtards et les familles les soirs d'été. Dînez dans un restaurant du quartier ou au temple de la bonne cuisine qu'est le **Mathallen** *(p. 65)*.

Visiter Oslo

L'Opéra national de Norvège (cabinet d'architecture Snøhetta) : monumental.
Anna Bryukhanova/iStock

Oslo aujourd'hui

« Oslo »... Un nom bref qui pourrait claquer comme un slogan, mais que la double voyelle ronde adoucit. Une ville longtemps restée dans l'ombre des autres capitales scandinaves. Des voisines qui l'ont longtemps dominé, regardé comme une petite ville de province. L'Oslo d'origine, devenu Christiania, Kristiania, puis (en 1925) à nouveau Oslo, a pris son temps pour se forger une identité, s'inventer une notoriété. Mais quelle réussite !

Bleu, blanc, vert

Il faut dire qu'il n'était pas simple d'attirer l'attention des visiteurs étrangers, logiquement aimantés par les fjords, le Cap Nord et ces 324 000 km² de nature grandiose qui caractérisent la Norvège. Pourtant, Oslo doit aussi beaucoup à cette nature. Dans quelle autre capitale peut-on, au bout d'une ligne de métro qui grimpe dans la montagne, **randonner, skier et pédaler** dans la forêt ou autour d'un lac ? Et, des abords de l'hôtel de ville, prendre des bateaux qui vous mènent en quelques minutes vers des **îles** boisées où l'on goûtera aux joies d'une baignade dans les eaux du fjord ? Oui, les habitants d'Oslo peuvent faire tout cela. Et vous aussi !

Ici l'eau, les reliefs et les arbres s'invitent aux portes des quartiers et des maisons. Vous habitez une crique, une colline et bénéficiez de vastes espaces verts. Les pistes cyclables empruntées par les travailleurs et les écoliers deviennent des pistes de ski de fond convoitées en hiver.

Le lien fort qui unit les Norvégiens à la **nature** cohabite sans mal avec la vie urbaine. L'activité en plein air est une religion. Et vous remarquerez qu'ici, par habitude de l'effort, les gens marchent vite. Un rythme tonique très contagieux.

Une nouvelle identité

Toutefois, ne voyez pas Oslo comme un simple camp de base pour explorer les beautés naturelles alentours. C'est désormais une destination *city trip* à part entière. Certes Oslo a la chance d'être lové au fond d'un fjord et au pied des montagnes, mais c'est une ville, une vraie. Une capitale complète, avec tout ce que cela signifie d'énergie créatrice, d'offre culturelle, d'infrastructures, de diversité d'architectures et de populations. Fini de se cacher derrière les sapins. Oublié l'urbanisme précipité des années 1960-1980 qui fait encore, par endroits, ressembler la ville à une sous-préfecture prétentieuse. Capitale d'un pays premier de la classe en matière de niveau de vie, de liberté d'expression et d'indice de développement humain, Oslo innove, s'affichant comme un **modèle**. Le dynamisme de sa population, toujours à l'affût des dernières tendances (tout en restant fortement attachée à ses traditions), se traduit par des initiatives heureuses, qui visent à améliorer la qualité de vie. Habitat, mobilité, vivre ensemble... Pour rayonner, une ville ne peut pas se contenter d'un bon bulletin de notes. Elle doit posséder des symboles forts à adapter en produits dérivés, ou des phares architecturaux devant lesquels on *selfie* à tout va. Il y a les plus beaux **bateaux vikings** – ceux qui rendent les Norvégiens si fiers. Et « **Le Cri** » de **Munch**, bien sûr. Mais pour seconder son appel, Oslo a donné carte blanche à des architectes de renom pour dessiner la nouvelle *skyline* du front de mer et inciter à sa reconquête par la population. En centre-ville, dans les quartiers d'**Aker Brygge** et **Tjuvholmen**, les docks ont cédé la place aux restaurants, centres commerciaux et immeubles futuristes plantés au bord de l'eau. Dans la baie voisine, à **Bjørvika**, se dressent des édifices emblématiques, comme l'**Opéra national de Norvège**, au marbre blanc léché par les eaux du fjord, le nouveau **musée Munch** et le **Barcode**, un alignement de tours hétéroclite.

Proximité, diversité

Malgré sa population modeste (650 000 habitants), Oslo se compose de quartiers aux ambiances très contrastées. Les styles architecturaux des 20-21ᵉ s. dominent très largement. Mais dans le centre-ville, le long de **Karl Johans gate** (les Champs-Élysées locaux, les embouteillages en moins) ou dans la forteresse d'**Akershus**, subsistent les vestiges médiévaux et les palais édifiés au 19ᵉ s., lors de l'émancipation du pays. Ces quartiers accueillent également un très grand nombre de commerces et de lieux de sortie.

Plus à l'ouest, des rues arborées et

fotoVoyager/iStock

Les quais d'Aker Brygge aménagés en promenade.

chics, où, comme ailleurs, quelques pas suffisent pour rejoindre un parc. Les bobos et *hipsters* affectionnent **Grünerløkka**, un ancien quartier ouvrier. On y trouve des cafés, des boutiques de fripes, des galeries ou encore des micro-brasseries, tous animés par une jeunesse branchée et accueillante. Un lieu idéal pour découvrir la « culture-café » des Osloïtes, lors des longues soirées d'été. Il y a aussi **Grønland** la cosmopolite et **Bygdøy**, la presqu'île de plages et de verdure dotée d'une pléiade de passionnants musées !

En une seule journée, vous changerez plusieurs fois d'atmosphère, goûtant ainsi aux divers aspects du mode de vie des Norvégiens. Bon séjour !

Autour de Karl Johans gate★

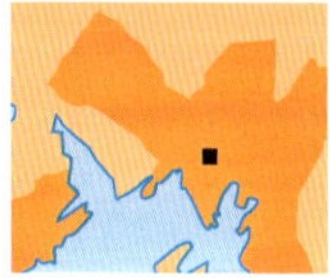

Axe rectiligne tracé entre le Palais royal et la gare (Oslo Sentralstasjon), Karl Johans gate, organise le centre-ville et aimante naturellement les passants. En pente douce et en grande partie réservée aux piétons, cette avenue et les petites rues adjacentes qui se coupent à angles droits sont bordées de prestigieux édifices, de musées, de boutiques et de cafés. L'animation y est permanente, de jour comme de nuit. Les amateurs de lèche-vitrines, les fonctionnaires, les étudiants, les touristes et les fêtards s'y succèdent ou s'y mêlent. Et lorsque Oslo célèbre la fête nationale, c'est ici que la population munie d'un drapeau tricolore défile.

▶**Accès :** toutes les lignes de métro et de trains locaux desservent l'avenue. Arrêt gare Oslo Sentralstasjon (Oslo S) ou Ⓜ Stortinget et National Theatret. Ci-après, les sites sont décrits en allant de la gare au Palais royal.

Plan de quartier p. 18-19. Plan détachable DF4-5.

▶**Conseil :** arpentez l'avenue à plusieurs moments de la journée (et de la nuit) pour saisir les changements d'atmosphère.

« Nos adresses » p. 60, 67, 72, 77 et 81.

KARL JOHANS GATE★

Longue de 1,3 km environ et épousant les douces courbes du relief, l'avenue porte le nom du roi **Karl III Johan**, soit le maréchal d'empire **Jean-Baptiste Bernadotte** (1763-1844), devenu roi en 1818. L'axe organise le quadrillage de rues *(Kvadraturen)* hérité de la cité dessinée au 17e s., suite à un grand incendie survenu sous le règne du roi Christian IV (*p. 101*).

Bien que filant droit, Karl Johans gate n'est jamais monotone. Tantôt étroite, tantôt ouverte, s'y succèdent des places, des perspectives, des ambiances. Une diversité qui résulte de l'addition de rues anciennes qui composent l'avenue aujourd'hui.

Le visiteur voit défiler tous les styles architecturaux représentés à Oslo, et regarde vivre ses habitants, détaillant leurs visages, leurs us et coutumes. Les services et commerces multiples que l'avenue concentre (du grand magasin au kiosque à hot-dogs) donnent à chacun a une bonne raison de s'y rendre !

STORTORVET

(Place du Marché)

La « grand-place » fut tracée au début du 18e s. Elle borde la cathédrale sur laquelle veille la statue du fondateur de la ville, **Christian IV**.

Elle a longtemps accueilli le principal marché de la ville, dont l'actuel marché aux fleurs est un héritage. Au nord se dresse le GlasMagasinet (p. 73), les « Galeries Lafayette » norvégiennes.

DOMKIRKEN

(Cathédrale)
www.oslodomkirke.no - 10h-16h (vend. 16h-18h).
Construite entre 1694 et 1697 et consacrée « église de Notre-Sauveur », la cathédrale fut restaurée au 19e s., puis de nouveau en 1950, si bien qu'aujourd'hui il ne reste plus rien d'origine à l'intérieur, excepté la **chaire** et le **retable** sculptés à la fin du 17e s. et décorés de motifs de feuilles d'acanthe. Le buffet d'orgue date du 18e s. La voûte tout entière est couverte de fresques très colorées peintes entre 1936 et 1950 et les vitraux sont l'œuvre d'**Emanuel Vigeland**, frère du sculpteur Gustav. Vous remarquerez la loge royale aménagée en 1905 pour le premier roi de la Norvège indépendante, **Håkon VII**. De la salle du garde de nuit, aménagée dans le clocher ajouté en 1850, se dégage une très belle **vue★★** sur la ville.
Sur les côtés et à l'arrière de la cathédrale s'alignent **Brannvakten** (d'où l'on surveillait les incendies) et les **Basarhallene**, autrefois marché de denrées alimentaires, tous deux dessinés par Christian Grosch entre 1850 et 1856 et installés le long d'une coursive en hémicycle. Les minuscules boutiques se sont muées en cafés et magasins.

YOUNGSTORGET

De Stortorvet, un détour par la rue piétonne et commerçante de **Torrgata** conduit à la place de Youngstorget (à 300 m au nord de Karl Johans gate). Elle s'entoure d'un centre des congrès, d'édifices administratifs et du très vertical siège de l'Arbeiderpartiet. Ajoutez-y des salles de concerts et des cafés aux noms ensoleillés qui occupent d'inattendues arcades… et vous comprendrez l'animation quasi permanente de ce lieu dont la jeunesse et les partis politiques ont fait leur QG. C'est donc fort logiquement de cette place que partent les manifestations.

STORTINGS PLASS

À la station de métro Stortinget, la **grande horloge** perchée de la marque de chocolat Freia (p. 72) donne au petit carrefour animé des allures de Times Square… à l'échelle locale. Flanquée du Parlement, cette place

Hommage pressant

*En 2014, pour fêter le **bicentenaire de la Constitution norvégienne** – fortement inspirée par la constitution française – ont été installées sur Karl Johans gate trois… sanisettes. Une bleue, une blanche et une rouge. Respectivement surmontées des mots liberté, égalité et fraternité, on y écoute la Marseillaise et même un discours du général de Gaulle ! Un hommage particulier, imaginé par le plasticien **Lars Ramberg**.*

est à la fois un lieu de rendez-vous, et une porte sur la partie ouest de l'avenue, plus verte et plus ouverte.

STORTINGET

(Parlement)

Karl Johans gate 22 - www.stortinget.no - visite guidée gratuite de 45mn en anglais (limitée à 30 pers.) de fin juin à mi-août : lun.-vend. 13h ; reste de l'année : voir le site Internet - RV à l'entrée donnant sur Akersgata.

Édifié en 1866 en briques jaunes et en granit, il présente une curieuse façade en forme de rotonde. Dessiné par l'architecte suédois **Emil Viktor Langlet** (1824-1898), le bâtiment est suffisamment imposant pour assumer l'importance de sa fonction, mais aussi volontairement « ouvert » sur la rue, pour le rendre accessible, au contact direct de la population. Il n'est d'ailleurs pas rare de voir les parlementaires sortir et faire une pause, au milieu des passants.

CÔTÉ JARDINS

Au-delà du Parlement débute le dernier tronçon de l'avenue, tracé au milieu du 19e s. pour relier la ville au Palais royal, tout juste édifié *(voir p. 22)*. Karl Johans gate est ici considérablement élargie par une **succession de jardins** (Eidsvolls plass et Studenterlunden) qui la flanquent. Les boutiques de luxe, les cafés et les hôtels prestigieux en ont fait leur quartier. Un lieu de promenade prisé depuis 150 ans, comme en témoignent plusieurs tableaux de Munch. Ainsi l'ensoleillé et néo-impressionniste *Printemps sur l'avenue Karl Johan* (1890) et l'angoissant *Soirée sur l'avenue Karl Johan* (1892).

À l'intersection avec la rue Lille Grensen, vous croiserez la statue d'un petit homme replet qui n'est autre que le peintre **Christian Krohg** (dont Munch fut l'élève et le disciple). Envie d'une pause dans un décor historique ? N'hésitez pas à vous installer à l'une des tables du **Theatercafeen** (*p. 61*) ou du **Grand Cafe**. Ce prestigieux établissement que fréquentait jadis la bohème d'Oslo est décoré d'une fresque où l'on peut reconnaître quelques-uns des anciens clients, comme Henrik Ibsen, Christian Krohg et Edvard Munch.

NATIONALTHEATRET

(Théâtre national)

Calendrier des (rares) visites guidées sur : www.nationaltheatret.no/ditt-besok/omvisninger (pour infos en anglais, cliquer ensuite sur « Praktisk informasjon », et scroller vers le bas).

Dessiné par l'architecte **Henrik Bull** (1864-1953) et inauguré en 1899, l'élégant édifice de style baroque est gardé par les bustes de **Henrik Ibsen** et **Bjørnstjerne Bjørnson** (prix Nobel de littérature en 1903). Les deux dramaturges appuyèrent ardemment sa construction et leurs pièces sont depuis jouées sur l'une des trois scènes qu'abrite l'édifice.

Autour du Théâtre national, les **jardins de l'université** (Studenterlunden) constituent un lieu de rendez-vous prisé.

Karl Johans gate, l'avenue cœur du centre-ville, en partie piétonne.
Anna Bryukhanova/iStock

Freia
VAN GOGH + MUNCH

Kongelige Slott
Historisk Museum
Slottsparken
DRONNINGPARKEN
Oslo Universitet
National Theatret
Nationaltheatret
Ibsenmuseet
Henrik Ibsens Gate
Karl Johans
7 juni Plassen
Lapsetorvet
Nasjonalbiblioteket
Rådhuset
Nobels Fredssenter
Mellomstasjonen
Rådhusplassen
Fridtjof Nansens plass
AKER BRYGGE
Havnepromenaden
TJUVHOLMEN
Tjuvtitten
Astrup Fearnley Museet
PIPERVIKA
Norges Hjemmefrontmuseum
Akershus Slott
Akershusstranda
Rådhusbrygge 3
Filipstadveien
Munkedamsveien
Lassons gate
Reichweins gate
Hansteens gate
Huitfeldts gate
Ruseløkkveien
Sjøgata
Holmens gate
Cort Adelers gate
Dronning Mauds gate
Enga
Løkkeveien
Arbins gate
Victoria terrasse
Haakon VII's gate
Olav Vs gate
Klingenberggata
Kristian IV's gate
Tordenskiolds gate
Colbjørnsens gate
Inkognitogata
Parkveien
Oscars gate
Frognerveien
Skovveien
Solligata
Slottsplassen
N
CENTRE-VILLE
0
150 m

NASJONAL GALLERIET
Arne Garborgs plass
Hammersborgtunnelen
Johan Nygaards plass
Youngstorget
Eidsvolls Plass
Stortinget
Stortorvet
Domkirken
Karl Johans gate
Wessels Plass
Jernbanetorget
OSLO SENTRALSTASJON
Christiania Torv
Posthallen
Christian Fredriks Plass
Gamle Rådhus
Nasjonalmuseet Arkitektur
Barcode
Museet For Samtidskunst
Akershus Festning
Grev Wedels Plass
Den Norske Opera
New Munch Museum
BJØRVIKA
BISPEVIKA
Operatunnelen
Festningsplassen
Forsvarsmuseet
Havnepromenaden
Torggata
Storgata
Prinsens gate
Dronning Eufemias gate
Schweigaards gate
Tollbugata
Rådhusgata
Myntgata
Akershusstranda
Langkaia
Sørengkaia

SE RESTAURER
- Arakataka ... 32
- Brasserie Paleo ... 4
- Café Skansen ... 15
- Celsius ... 14
- Engebret Café ... 18
- Festningen ... 7
- Fiskeriet ... 1
- Fjord ... 5
- Gamle Rådhus ... 16
- Illegal Burger ... 2
- Kaffistova ... 3
- Lofoten ... 12
- Louise Restaurant and Bar ... 11
- Peloton ... 36
- Pipervika ... 34
- Rorbua ... 9
- Solsiden ... 17
- Sorgenfri ... 8
- Theatercafeen ... 6
- Tjuvholmen Sjømagasin ... 13
- Vaaghals ... 19

PRENDRE UN VERRE
- A. C. Perch's Theandel ... 20
- Amundsen Bryggeri and Spiseri ... 3
- Café Naustet - Salt ... 21
- Dolcevita ... 2
- Fuglen ... 4
- Lekter'n ... 7
- Paradis ... 6
- Sanguine ... 8

SHOPPING
- Fenaknoken ... 1
- Fjäll Raven ... 24
- Freia ... 2
- F5 Concept Store ... 9
- Glas Magasinet ... 5
- Heimen Husfliden ... 12
- Hevn ... 37
- House of Oslo ... 13
- Indre Oslofjord Fiskerlag ... 14
- Norli ... 3
- Norway Designs ... 23
- Oleana ... 11
- Oslo Foto ... 26
- Paleet ... 6
- Platebutikken Big Dipper ... 27
- Råkk and Rålls ... 4
- Scandinavian photo ... 25
- T-Michael & Norwegian Rain ... 10

SORTIR
- Bohemen ... 11
- Café Mono ... 5
- Gamle Logen ... 2
- Herr Nilsen ... 4
- Jaeger ... 8
- Kniven ... 9
- Opéra de Norvège ... 12
- Oslo Konserthus ... 1
- Rockefeller Music Hall ... 6
- Skaugum ... 17
- Spektrum ... 10
- The Villa ... 7
- Vika Kino ... 3

OSLO UNIVERSITET

(Université d'Oslo)

Karl Johans gate 47 - www.uio.no.
Fondée en 1813 et accueillant aujourd'hui près de 32 000 étudiants, l'Université d'Oslo (UiO) s'enorgueillit d'un site prestigieux au bout de Karl Johans gate. Le **Domus Aula** (1853) l'édifice central de l'université d'Oslo, compte un auditorium orné d'une immense fresque ensoleillée signée **Edvard Munch**. Elle n'est malheureusement visible que lors d'événements et de concerts.

NASJONAL GALLERIET★★★

(Galerie nationale)

Universitetsgata 13 - ✆ 21 98 20 00 - www.nasjonalmuseet.no - mar.-vend. 10h-18h (jeu. 19h), w.-end 11h-17h - fermé lun. - 120 NOK (gratuit -18 ans et Oslo pass), jeu. gratuit. Le ticket donne accès au musée de l'Architecture (p. 31).
Installé dans cet édifice depuis 1881, l'institution doit déménager en 2020 pour intégrer un nouveau bâtiment qui accueillera également le musée d'Art contemporain et le musée de l'Architecture et du Design.
Son importante collection d'art est particulièrement intéressante pour ses expositions temporaires de qualité, mais aussi pour la **peinture national-romantique**, qui connut son apogée au milieu du 19e s., à une époque où l'identité de la Norvège, alors encore sous tutelle suédoise, était en pleine construction.

Une salle consacrée aux paysages met en résonance des œuvres aussi dissemblables qu'un grand paysage de **Johan Christian Dahl** (1788-1857) avec une *Vue du jas de Bouffan* de Cézanne, une toile monochrome d'**Arne Malmedal** (né en 1937) avec une *Forêt enchantée* de Munch, des photos avec des tableaux de l'époque romantique. Une autre, consacrée au portrait, où le Danois Jens Juel (18e s.) cohabite avec le célèbre portrait d'Ibsen exécuté par **Erik Werenskiold** (1855-1938).
Les autres salles présentent de façon chronologique l'évolution de la peinture norvégienne. En particulier, le **romantisme national**, illustré par les paysages de **Johan Christian Dahl**, l'un des leaders du mouvement, mais aussi par *Voyage de noces sur le Hardangerfjord,* chef-d'œuvre de deux autres peintres célèbres, **Adolph Tidemand** et **Hans Gude**.
Une période de réalisme parfois quasi photographique, parfois animée de préoccupations sociales comme chez **Christian Krohg**, précède un retour au romantisme (néoromantisme) vers la fin du 19e s. C'est à cette époque que le nom d'**Edvard Munch** commence à être connu : une salle met en relation une version du *Cri* et *La Danse de la vie* avec des toiles de Gauguin, Courbet, Degas, Cézanne, Monet (*Bords de Seine* et *Étretat*), Renoir *(Après le bain)* et Van Gogh *(Autoportrait)*.
Le début du 20e s. est dominé par les peintres expressionnistes et néo-impressionnistes, comme Erichsen, Svarstad, Lund et **Frits Thaulow** (1847-1908), suivis, pendant l'entre-deux-guerres, par un groupe d'élèves de Matisse, tandis que d'autres tendances européennes telles que le symbolisme (Harald Sohlberg), le cubisme et l'expressionnisme s'épanouissent également. *La Seine en hiver* de Marquet, *Pauvre ménage* et *Guitare* de Picasso, *Le Journal* de Juan Gris, *Nature morte* de Fernand Léger représentent la peinture européenne de cette période.

HISTORISK MUSEUM★

(Musée historique)

Frederiks gate 2 - ✆ 22 85 19 00 - www.khm.uio.no - mai-sept. : mar.-dim. 10h-17h ; reste de l'année : mar.-dim. 11h-16h - fermé lun., 1er janv., 1er et 17 mai, 24 et 25 déc.- 100 NOK (gratuit -18 ans et Oslo pass).
Plusieurs sections constituent ce musée ouvert en 1904 et rattaché à l'université. Outre les collections numismatique et ethnographique (les salles consacrées à l'Arctique présentent de façon vivante la civilisation des Sames norvégiens), vous visiterez avec intérêt les salles consacrées aux **Vikings**, renfermant de superbes trésors d'or et d'argent. Mais le clou du musée est sans conteste la **galerie d'art médiéval★★★**, qui présente des portails d'**églises en bois debout** richement sculptés de motifs floraux ou d'entrelacs, des cornes à boire finement gravées, des sculptures religieuses et, surtout, la voûte peinte de l'église d'Ål.

KONGELIGE SLOTT

(Palais royal)

Slottsplassen 1 - www.kongehuset.no - relève de la garde à 13h30 - visites guidées (en anglais) de mi-juin à mi-août : 12h, 14h, 14h20 et 16h - 135 NOK (-3 ans gratuit), billetterie sur place et sur www.ticketmaster.no.

Au bout de l'avenue se dresse la statue du roi de Suède (Karl XIV Johan) et de Norvège (Karl III Johan) de 1814 à 1844, mieux connu chez nous sous le nom de **Jean-Baptiste Bernadotte**. C'est à son initiative, et pour sa descendance, que fut achevé le palais en 1849, un édifice néoclassique assez austère où réside aujourd'hui encore la famille royale. Dessinés par l'architecte Linstow, ses deux ailes et ses trois niveaux renferment une série de salles et pièces dont les décors offrent un panorama des différents styles en vogue au début du 19e s.

Le palais trône au sommet d'une colline verdoyante. Ce très agréable **Slottsparken** (parc du château), est apprécié des habitants d'Oslo qui aiment s'y promener ou y effectuer leur jogging matinal.

HENRIK IBSENS GATE

En suivant Henrik Ibsens gate, les amateurs d'architecture pourront découvrir, au n° 48, un édifice triangulaire aux façades figurant des codes-barres, signé **Eero Saarinen** (1910-1961). L'architecte finlandais est connu également pour son Gateway Arch de St-Louis ou le terminal TWA de l'aéroport JFK, à New York.

IBSENMUSEET★

(Musée Ibsen)

Henrik Ibsens gate 26 - ✆ 40 02 36 30 - www.ibsenmuseet.no - de mi-mai à mi-sept. : 11h-18h (visites guidées ttes les h) ; reste de l'année : 11h-16h (jeu. 18h) - 115 NOK (gratuit -6 ans et Oslo pass).

C'est ici qu'**Henrik Ibsen** (p. 117) passa les onze dernières années de sa vie et qu'il écrivit quelques-uns de ses chefs-d'œuvre. L'appartement et son bureau, laissés dans l'état où ils se trouvaient à sa mort, ne se visitent qu'accompagné d'un guide. En découvrant Ibsen, on cerne un peu mieux la Norvège. Il quitta son pays pauvre et plein d'amertume pour conquérir le monde et rapporta chez lui les impressions de cultures étrangères, enrichissant ainsi sa terre natale. Confirmant l'adage local, qui dit qu'il existe trois principales sources de citations en norvégien – la Bible, le folklore et les écrits d'Ibsen –, des citations d'Ibsen sont gravées en acier dans le trottoir qui descend du musée vers le centre-ville, le long de la rue Henrik Ibsen et de l'avenue Karl Johans gate jusqu'au Grand Café.

NASJONALBIBLIOTEKET

(Bibliothèque nationale)

Henrik Ibsens gate 110 - www.nb.no - lun.-vend. 9h-19h, sam. 9h-14h - fermé dim. - gratuit.

Inaugurée en 1913, elle fait partie des édifices qui symbolisent les premières années d'indépendance. Expositions pleines d'intérêt (arts, médias,...).

Salle de la Galerie nationale.

C. S. Pereyra/age fotostock

29

Aker Brygge★ et Tjuvholmen

Massif, l'hôtel de ville trône au fond du fjord. Au pied de ce symbole d'une cité tournée vers la mer, les ferries partent vers les îles et une vaste esplanade endigue le flot de passants. On y construit le futur Musée national, dernier projet d'aménagement de la baie de Pipervika. Réhabiliter le front de mer pour le rendre à la population, beaucoup de villes l'ont fait ou le font avec plus ou moins de bonheur. Oslo manifestement réussit son pari. Les anciens chantiers navals d'Aker Brygge et Tjuvholmen se sont déjà mués en quartiers chics et branchés dessinés par des architectes de renom. Un beau trait d'union entre la ville et son fjord ! Le quartier peut aussi se découvrir à pied ou à vélo à partir de la Havnepromenaden, nouvel itinéraire côtier de 9 km qui symbolise la reconquête du front de mer (p. 33).

▶**Accès :** Ⓜ Nationaltheatret Stasjon (5mn à pied). De la gare Oslo S, Tram n° 12.

Plan de quartier p. 18-19. Plan détachable E5-D5-6.

▶**Conseil :** venez en fin de journée contempler le soleil se coucher sur le fjord (vous ne serez pas seul à vous extasier).

« Nos adresses » p. 62, 67, 74 et 82.

Sur la place devant l'hôtel de ville, prenez le temps d'admirer la vue. Vous êtes ici face au **fjord★★**. Au loin, des îles boisées émergent de l'eau. Sur votre gauche, la forteresse d'Akershus domine le port où sont amarrés, parfois, d'immenses paquebots. À droite, l'anse est fermée par **Aker Brygge★** et **Tjuvholmen**.

RÅDHUSET

(Hôtel de ville)

Entrée par Fr. Nansens plass - ✆ 02180 - www.oslo.kommune.no/english - ♿ - juil.-août : 9h-18h ; reste de l'année : 9h-16h - visites guidées de juin à mi-août : 10h, 12h, 14h - gratuit.

Il trône au fond du fjord. Ses deux tours massives de briques sombres servent de point de repère aux navires, telles une double borne qui semble annoncer « ici commence Oslo ». La première pierre de cet édifice fut posée en 1931. Il fut inauguré en 1950 pour célébrer le 900e anniversaire de la fondation d'Oslo. Côté ville, une fontaine à deux cygnes et des reliefs mythologiques en bois de pin précèdent l'entrée. La **décoration intérieure** est somptueuse. Les fresques très colorées, réalisées par divers artistes, parmi lesquels Hendrik Sørensen et Per Krohg, retracent les grandes heures de l'histoire de la cité.

AsianDream/iStock

L'hôtel de ville : un extérieur austère, mais un intérieur éclatant.

L'immense **salle des cérémonies** est le cadre chaque année, le 10 décembre, de la remise du **prix Nobel de la paix**.

NOBELS FREDSSENTER

(Centre Nobel de la paix)
Rådhusplassen - ✆ 48 30 10 00 - www.nobelpeacecenter.org - 10h-18h - fermé lun. de sept. à avr. - 100 NOK (gratuit -16 ans et Oslo pass).
Installé dans l'ancienne gare de l'Ouest (Vestbanen), ce **centre** présente de manière dynamique les lauréats, leurs travaux et le contexte dans lequel ils se distinguèrent, ainsi que des sujets d'actualité. Une belle source d'inspiration...

Après un hommage rendu à **Alfred Nobel**, une **muséographie moderne** et originale met en avant les lauréats et leurs combats, d'Henri Dunant et Frédéric Passy, les premiers d'entre eux en 1901, aux plus récents, comme le quartet du dialogue national en Tunisie en 2015, favorisant la transition démocratique. Des femmes, des hommes, des organisations dont certains marquent durablement l'histoire (Martin Luther King, Lech Wałęsa, Nelson Mandela, Aung San Suu Kyi). En parcourant la forêt d'écrans qui les présentent, on se remémore avec optimisme l'impact de l'action de certains prix Nobel et l'on (re)découvre ceux qui ont été moins médiatisés, comme

Le prix Nobel

*Le scientifique suédois **Alfred Nobel** (1833-1896) est l'instigateur de ce prix financé par l'invention de la dynamite. Il récompense « la personnalité ou la communauté ayant le plus ou le mieux contribué au rapprochement des peuples, à la suppression ou à la réduction des armées permanentes, à la réunion et à la propagation des progrès pour la paix ». Des six prix Nobel (physique, chimie, littérature, paix, médecine et économie), seul celui de la paix est choisi par un comité nommé par le Parlement norvégien et remis à Oslo.*

Rigoberta Menchú, défenseur des indigènes du Guatemala, ou encore les artisans de la résolution du conflit au Timor oriental. Le « tunnel d'honneur » rend hommage au dernier lauréat. Une dernière salle invite le visiteur à un voyage à travers la planète qui souffre, un panorama comme une piqûre de rappel qui cible les situations sociales et politiques problématiques, les urgences, les désastres à venir.

Mellomstasjonen – *Brynjulf Bulls Plass 2 - www.nasjonalmuseet.no - mar.-vend. 12h-17h, w.-end 11h-16h.* Installé dans une aile de l'ancienne gare, à côté du centre Nobel, cet espace présente une petite exposition qui dévoile, avec maquettes, photos, vidéos... le futur **Nasjonalmuseet**, dont la vaste silhouette aux lignes épurées émerge derrière le bâtiment. À partir de 2020, ce Musée national regroupera les collections de la Galerie nationale *(➲ p. 20)*, du musée d'Art contemporain et du musée des Arts décoratifs et du Design *(➲ « Un nouvel Oslo », p 112)*.

AKER BRYGGE★

Les anciens chantiers navals, actifs de 1854 à 1982, ont cédé la place dans les années 1980-90 à un nouveau quartier qui compte parmi les plus animés de la capitale. Il est constitué d'un ensemble d'habitations à l'architecture contemporaine, variant par les matériaux, formes et couleurs. Des quais, des canaux, des placettes, des ponts, une pelouse et même une petite plage rendent la déambulation agréable. Les quais sont entièrement occupés par des terrasses de café (qui ont également investi les ponts des bateaux), fréquentées au moindre rayon de soleil par la clientèle des immenses galeries commerciales qui occupent les **anciens entrepôts** superbement restaurés. Des théâtres, des cinémas, une bonne trentaine de cafétérias et de restaurants entretiennent l'ambiance jusqu'aux heures avancées de la soirée.

TJUVHOLMEN

Prolongeant Aker Brygge, l'ancien îlot-prison de **Tjuvholmen** forme désormais une péninsule qui compte un parc, un ponton et une plage où l'on bronze en contemplant le fjord.

Tjuvtitten – *W.-end 12h-18h - 20 NOK.* Ce tube-ascenseur transparent de 54 m de haut permet de prendre de la hauteur pour admirer la vue. Mais la vedette du lieu est sous vos yeux : l'Astrup Fearnley Museet.

Ekely/iStock

Promenade au coucher du soleil sur Aker Brygge.

ASTRUP FEARNLEY MUSEET★★

(Musée Astrup Fearnley d'Art contemporain)

Strandpromenaden 2 - ✆ 22 93 60 60 - www.afmuseet.no - mar.-vend. 12h-17h (jeu. 19h), w.-end 11h-17h - fermé lun. - 130 NOK (gratuit -18 ans et Oslo pass).

Cette collection privée d'art contemporain, norvégien et international, fut constituée par les descendants de l'armateur Thomas Fearnley. Elle est installée dans un écrin signé **Renzo Piano**, un triple édifice qui déploie ses toits comme des voiles de métal et de verre, ou les ailes d'une raie, au ras des eaux de l'Oslofjord. Un musée comme un bateau – mais un bateau fendu – en quelque sorte... Sobres et lumineuses, les salles d'exposition étonnent. Là un vaste volume, ailleurs d'étroites salles aux plafonds pentus, des murs à la géométrie changeante. Une partie du musée est consacrée aux expositions temporaires. Furent notamment mis à l'honneur depuis son ouverture Cindy Sherman, Jeff Koons ou encore Damien Hirst.

Le bâtiment nord présente par roulement les 1500 œuvres de la collection. Bacon, Murakami, Kuuns, Barney, Liu Wei, Einarsson et bien d'autres s'y côtoient, se confrontent parfois, vous surprennent toujours.

Autour de la forteresse d'Akershus★

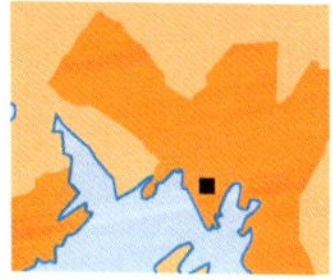

Le relief séparant les baies de Pipervika et de Bjørvika fut choisi à la fin du 13e s. par Håkon V pour y construire une forteresse. Tout comme la cité qui grandira à ses abords, elle connaîtra des heures fastes, d'autres sombres. Largement ouvert au public dans la journée, le site est un agréable parc offrant de beaux points de vue sur le fjord et les immenses paquebots de croisières qui accostent. Le château et des musées y racontent l'histoire du pays. Le quartier de Kvadraturen, qui occupe le reste de la péninsule, concentrait autrefois les principales institutions de la capitale (ancienne mairie, banque de Norvège...). Une certaine solennité non dépourvue d'élégance se dégage de ces bâtiments des 17e et 18e s., qui comptent parmi les plus anciens de la ville ; la place Christiania Torv en fournit un bel exemple. On y trouve plusieurs galeries d'art, mais pour l'animation nocturne, cherchez ailleurs...

▶**Accès :** Ⓜ Stortinget et gare Oslo Sentralstasjon (quelques minutes à pied).
***Plan de quartier** p. 18-19. **Plan détachable** EF5-7.*
▶**Conseil :** aux beaux jours, les pelouses du parc sont un lieu idéal pour pique-niquer (ce que font les employés des bureaux du quartier).
« Nos adresses » p. 62, 68, 78 et 82.

AKERSHUS FESTNING★

(Forteresse d'Akershus)

Accès porte principale par Myntgata. Mai-sept. : 6h-21h ; reste de l'année : 7h-21h (autre entrée par le pont qui enjambe Kongensgate) - ✆ 23 09 39 17 - www.forsvarsbygg.no/akershusfestning - centre d'accueil des visiteurs avec espace d'exposition juil.-août : 11h-17h ; reste de l'année : lun.-vend. 11h-16h, w.-end 12h-17h - entrée libre ; relève de la garde à 13h30 ; visites guidées en été : horaires sur le site Internet - 60 NOK.

Des remparts, la **vue sur le port** et le fjord, avec son ballet de ferries et les énormes paquebots en escale, vaut le détour.

Situé dans une maison à colombage, le centre d'accueil *(Besøkssenteret)* propose une exposition sur l'histoire de la forteresse. Utilisée pour les fonctions officielles, celle-ci a aujourd'hui l'allure d'un château Renaissance rénové ayant conservé des traces du fort médiéval d'origine. Ce dernier fut construit vers 1300

Forteresse d'Akershus vue du fjord.

par **Håkon V Magnusson** sur un promontoire dominant le fjord pour servir de résidence royale et défendre la ville à l'est. La forteresse s'étend sur un vaste terre-plein agrémenté d'espaces arborés, propices à la détente. Elle comprend deux parties, reliées par un pont qui enjambe la rue Kongensgate (le musée de la Défense nationale se trouve dans l'enceinte extérieure, au sud-est).

Akershus Slott (Château) – *✆ 23 09 35 53 - mai-août : lun.-sam. 10h-16h, dim. 12h-16h ; reste de l'année : w.-end 12h-17h - 100 NOK (-6 ans gratuit). Réouverture après rénovation prévue en sept. 2018.* Le château fut considérablement remanié par le roi **Christian IV** au début du 17e s. : le périmètre de défense fut prolongé, des tours Renaissance élancées furent ajoutées, la cour et les fenêtres agrandies et l'intérieur richement décoré. Après le siège des Suédois au début du 18e s., on renforça de nouveau ses défenses. L'entrée du parc se trouve à l'extrémité de Myntgata ; l'emplacement du donjon massif est visible sur le sol de la cour du château ; deux grandes salles, la salle d'Olav et la salle de Christian IV, occupent le dernier étage des ailes nord et sud ; on peut également visiter les cachots.

La crypte de l'**église** abrite le **mausolée royal** où reposent les deux premiers souverains de la Norvège indépendante (Håkon VII et Olav V) ainsi que leurs épouses. On y a également placé Sigurd Ier (1090-1130) et le crâne d'Håkon V (1289-1301).

Norges Hjemmefrontmuseum★ (musée de la Résistance norvégienne) – *Dans le parc du château - ✆ 23 09 31 38 - www.forsvaretsmuseer.no - juin-août : lun.-vend. 10h-17h, w.-end. 11h-17h ; reste de l'année : fermeture 16h - 60 NOK (gratuit avec Oslo Pass).* Ce musée aménagé dans un édifice du 17e s. illustre, grâce à des documents, des photos, des affiches, des modèles et des enregistrements, l'histoire de l'occupation de la Norvège pendant la Seconde Guerre mondiale, le rôle de la Résistance durant les cinq années d'épreuves et sa contribution à la victoire finale, avec l'épisode de la bataille de « l'eau lourde » dans la région de Rjukan, en 1943-1944 (les opérations de sabotage sur le site de Vemork, site de production le plus important, empêchèrent Hitler de s'approvisionner en eau lourde pour fabriquer une bombe atomique). Le site du musée est tout à fait approprié puisque Akershus fut le quartier général allemand pendant l'Occupation.

Forsvarsmuseet (musée de la Défense nationale) - *✆ 23 09 35 82 - forsvarsmuseet.no - mai-août : 10h-17h ; reste de l'année : mar.-dim. 10h-16h - gratuit.* Si l'histoire militaire de la Norvège vous intéresse, rendez-vous au sud de la péninsule pour visiter ce vaste musée ; il présente des armes, des tableaux, des photos et des uniformes qui racontent les combats et missions de ses soldats, des Vikings à nos jours.

Oslo, viking et norvégienne

Occupé par la colonie viking, le fond de l'Oslofjord était déjà un port actif lorsque ***Harald Hårdråde*** *fonda officiellement la cité en 1048 sur la rive droite du fjord. Quelques vestiges de cette première ville sont visibles à l'est, au-delà de la gare, dans un petit parc au cœur du quartier dénommé* ***Gamlebyen*** *(p. 33), la « Vieille Ville ». Oslo devint la* ***capitale de la Norvège*** *à la fin du 13e s. et Håkon V fit édifier la forteresse d'Akershus pour défendre la ville. Cependant, plusieurs facteurs contrarièrent son développement : d'abord, la* ***Ligue hanséatique****, qui avait conclu des accords commerciaux avec Bergen, et qui contrôlait le commerce de la Baltique, voyait d'un mauvais œil l'émergence d'une possible concurrence ; ensuite, la peste de 1348 décima la moitié de la population ; enfin, à la fin du 14e s., l'****union de Kalmar*** *scellait l'annexion de la Norvège par le Danemark, Oslo perdant de ce fait son statut de capitale.*

En sortant de la forteresse par Myntgata, vous longerez l'un des plus anciens édifices d'Oslo (1641), le **Gamle Rådhus**, ancien hôtel de ville *(Nedre Slottsgate 1)*. Il servit par la suite de caserne, de prison, d'église, de théâtre... et désormais de restaurant *(p. 64)*.

NASJONALMUSEET ARKITEKTUR

(Musée national d'Architecture)

Bankplassen 3 - 21 98 20 00 - www.nasjonalmuseet.no - mar.-vend. 11h-17h (jeu. 19h), w.-end 12h-17h - fermé lun. - 50 NOK (gratuit jeu. -18 ans et Oslo Pass).

Aménagé dans divers édifices signés **Sverre Fehn** et C.H. Grosh (une belle juxtaposition de styles), ce musée présente des expositions temporaires sur l'architecture (celle d'hier, d'aujourd'hui et de demain), notamment sur les projets à venir dans la ville d'Oslo.

MUSEET FOR SAMTIDSKUNST

(Musée d'Art contemporain)

Bankplassen 4 - www.nasjonalmuseet.no.

Ce musée, qui occupait l'ancien bâtiment de la Banque de Norvège, sur une jolie place, a fermé en septembre 2017 (rien n'a encore été décidé sur la destinée de ce bâtiment désormais inoccupé).

Une partie des collections est visible à la Galerie nationale, ou en ligne, mais l'essentiel sera exposé dans le futur Musée national, dont l'ouverture est prévue en 2020 (*voir p. 26*).

POSTHALLEN

Dronningens gate 15.

Achevée en 1924 dans un style qui hésite entre Art nouveau et Art déco, l'ancienne poste s'organise autour d'une cour intérieure dominée par une tour horloge. Elle abrite désormais des appartements, commerces et cafés.

Bjørvika★ et Ekebergparken★

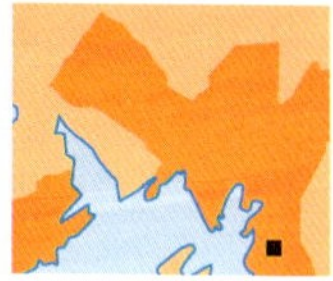

Cette baie, à l'est de la forteresse d'Akershus et au sud de la gare centrale, vit une mue radicale, au point que l'on parle d'un nouvel Oslo. L'enfouissement d'une voie rapide ainsi que l'aménagement des rives achèvent la réappropriation du front de mer par les Osloïtes. La ville dispose ainsi d'une belle promenade piétonne le long de la mer, la Havnepromenaden, et surtout, d'un joyau architectural semblant flotter sur les eaux : son opéra. Un édifice instigateur de cet Oslo futuriste qui se dessine à Bjørvika et qui suscite l'engouement des habitants.

▶ **Accès :** l'Opéra se situe à deux pas de la gare Oslo Sentralstasjon.
***Plan de quartier* p. 18-19. *Plan détachable* FG6-8.**
▶ **Conseil :** l'Opéra est un site à vivre à toute heure du jour comme de la nuit.
« Nos adresses » p. 64, 68 et 80.

DEN NORSKE OPERA★★

(Opéra national de Norvège)

Kirsten Flagstads plass 1 - ✆ 21 42 21 00/21) - www.operaen.no - lun.-vend. 9h-23h, sam. 11h-21h, dim. 12h-21h - visite guidée en anglais 13h (sam. 12h), 100 NOK.

Sydney avait ouvert le bal avec son opéra voilé. Amsterdam, Copenhague, Hambourg et Reykjavík ont suivi. Toutes ces cités maritimes ont choisi d'édifier des temples de la musique et de la danse pour rayonner et s'affirmer.

Conçu par le **cabinet norvégien Snøhetta**, le nouvel opéra d'Oslo est un véritable défi architectural, distingué par le prix européen d'architecture contemporaine, en 2009. En partie sous le niveau de la mer, il repose sur 28 km de piliers. Fait de lignes sobres et pures, d'angles aigus, le volume habillé de marbre blanc de Carrare émerge du fjord et étincelle tel un énorme diamant au moindre rayon de soleil. L'Operahuset est un « édifice paysage ». On peut le gravir, s'y promener, l'utiliser comme plage, piste de ski ou colline panoramique. D'immenses baies vitrées illuminent le hall. Une spirale de lamelles de bois claires dissimule les trois scènes, la structure évoquant une maquette en allumettes. Les toilettes ont même été habillées d'une dentelle de losanges par l'artiste dano-islandais Olafur Eliasson.

Au large, un iceberg de verre, jouant des reflets d'un ciel changeant, veille, comme pour stopper les énormes navires de croisières qui menaceraient le nouveau joyau d'Oslo. On doit cette œuvre, intitulée *She lies*, à la vénitienne **Monica Bonvicini**.

BJØRVIKA★

La baie, naguère occupée par un port de containers, accueille désormais un réseau de rues ouvertes sur la mer. Ici a poussé un ensemble d'immeubles aux formes anguleuses, de tailles variées, nommé **Barcode** (Code-Barres), dû aux architectes locaux Dark Architects et A-Lab, et MVRD (Rotterdam). Ce même cabinet a conçu la **nouvelle bibliothèque publique**, audacieux immeuble de verre, destiné à devenir un important pôle attractif (ouverture en 2019). Quant au **nouveau musée Munch**, dont la haute silhouette domine déjà le quartier, il devrait être inauguré en 2020. Enfin, l'**Akrobaten** (2011), une passerelle de 206 m jetée au-dessus des voies ferrées, relie ce quartier à celui de Grønland. Vous l'aurez compris, Bjørvika est l'Oslo de demain et un paradis pour les amateurs d'architecture contemporaine *(p. 112)*. Un peu plus loin, et relié à l'opéra par une passerelle flottante, le nouveau quartier d'habitation de **Sørenga** est doté de restaurants, de terrasses, d'une marina et d'une aire de baignade déjà très courue. Il s'inscrit dans la même logique de reconquête du littoral.

HAVNEPROMENADEN★

La **Havnepromenaden**, qui démarre un peu à l'est de Sørenga, à Kongshavn *(voir tracé sur le plan détachable)*, permet de découvrir ce « nouvel Oslo », animé de fulgurances architecturales, d'entrepôts réaménagés et de zones de détente. Son parcours de 9 km, jalonné par 14 tours orange retraçant l'histoire des quartiers traversés, longe les remparts de la forteresse d'Akershus *(p. 28)* puis emprunte les quais d'Aker Brygge *(p. 26)* avant de gagner la baie de Bygdøy. En face de l'opéra, faites une halte à **Salt**, un ensemble de grandes structures en bois, inspirées des séchoirs à morues. Cette installation nomade comprend un bar *(p. 68)*, une salle de concert, un théâtre et le plus grand sauna du monde. Un peu plus loin, à la pointe sud de Vippetangen, **Vippa** est le dernier spot gastronomique tendance de la capitale *(p. 62)*.

GAMLEBYEN

Le futur d'Oslo sort à deux pas des restes de la **première ville médiévale**. En effet, des vestiges des 11-13e s. sont visibles dans le quartier de Gamlebyen à l'est de la baie, au sein du **Middelalderparken** *(Tram 18 et 19, arrêt St. Halvards plass)*.

EKEBERGPARKEN★

Pour dominer ces sites et Bjørvika, grimpez la colline du **Ekebergparken** *(Tram 18 ou 19, arrêt Ekebergparken)* qui jouit d'un panorama exceptionnel. Inauguré en 2012, le plus vaste parc d'Oslo est animé de fascinantes sculptures émergeant de ses bois. Le ghotta de la **sculpture** internationale, passée ou présente, y a ses quartiers (Rodin, Renoir, Dali, Maillol, Vigelang, Hirst, Bottero, Louise Bourgeois, Jenny Holzer, Marina Abramovic, James Turrell...). Abrité dans un joyau de l'architecture fonctionnaliste (1929), l'**Ekeberg restaurant** est une table renommée *(p. 64)*.

Grønland et Tøyen

Situé à l'est de la gare centrale et de l'Akerselva, Grønland est un quartier animé qui bruisse de conversations multilingues. On y longe des boutiques pakistanaises et chinoises, des restaurants érythréens... Les étals de légumes et les musiques entendues çà et là mettent les sens en éveil. À Tøyen, sur les « hauteurs » verdoyantes, un « Cri » puissant vous guide vers l'œuvre de Munch. Et de beaux jardins vous emmènent en voyage à travers la flore norvégienne.

▶**Accès :** Ⓜ Grønland et Tøyen (pour le Musée Munch et le jardin).
Plan détachable GH4-5.
« Nos adresses » p. 64, 68 et 76.

GRØNLAND

L'histoire de l'immigration en Norvège et la diversité culturelle du quartier de Grønland sont racontées au **Interkulturelt Museum** *(Tøyenbekken 5 - www.oslomuseum.no - tj sf lun. 11h-16h - gratuit).*

MUNCHMUSEET★★

(Musée Munch)

Tøyengata 53 - ✆ 23 49 35 00 - www.munchmuseet.no - de mi-mai à déb. sept. : 10h-17h (dernier jeu. du mois 21h) ; reste de l'année : 10h-16h - 120 NOK (gratuit -18 ans et Oslo Pass) - visite guidée en anglais juil.-août : 13h.

Edvard Munch légua toutes ses œuvres à la Ville d'Oslo, don qui, avec les compositions acquises plus tard, représente une collection de 1100 toiles et de 18000 estampes, de dessins, de lettres, etc. Inauguré en 1963, le musée présente les peintures par roulement. L'occasion pour le visiteur d'appréhender la diversité de l'œuvre de Munch. Des expositions temporaires mettent en relation cette dernière avec le travail d'autres artistes. (*p. 115*). Le déménagement du musée vers Bjørvika est prévu pour l'été 2020.

BOTANISK HAGE

Sars gate 1 - 7h-21h.

Le **jardin botanique,** fondé en 1814, permet aux écoliers de suivre des cours de biologie à ciel ouvert et, à tous, de bronzer ou de pique-niquer en été. Parcourant de beaux sentiers bordés de cascade, on découvre la flore des reliefs norvégiens dans le **Jardin de montagne**. À voir aussi la **serre** *(été : 10h-20h, hiver : 10h-17h)* et ses plantes tropicales.

Naturhistorisk museum – *www.nhm.uio.no - tlj sf lun. 11h-16h - 100 NOK (gratuit -6 ans et Oslo Pass) ; jeu. gratuit sf en été.* Tout proche, il compte des sections dédiées à la géologie et à la zoologie complétant ainsi le panorama sur la nature norvégienne. Un autre espace, consacré au climat, ouvrira en 2019.

Grünerløkka★

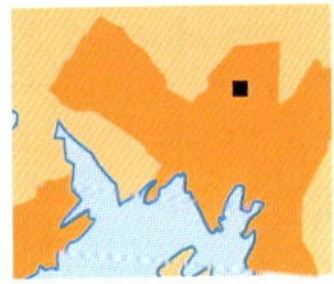

De part et d'autre de la rivière Akerselva qui coupe la ville dans le sens nord-sud, vous allez découvrir un Oslo à l'ambiance « villageoise ». Sur la rive orientale, le quartier attachant de Grünerløkka, un ancien bastion ouvrier, accueille désormais une population jeune et branchée. Les cafés sympathiques et les boutiques vintage y sont légion. Côté ouest, des maisons de bois colorées et la plus ancienne église de la cité offrent un voyage dans le temps. Quant à la rivière elle-même, autrefois un axe industriel, elle se noie dans la verdure et voit défiler les cyclistes sur ses berges. Les usines ont été transformées en galeries, en logements et restaurants.

▶**Accès :** d'Oslo Sentralstasjon, Tram nos 11, 12 et 13 qui traversent Grünerløkka dans le sens sud-nord. Lignes de bus 54, 34 et 37 pour la rive ouest. Ci-après, la description des sites s'effectue en partant du sud, pour former une boucle qui vous ramène dans le centre-ville.

Plan de quartier** **p. 36-37*. Plan détachable EG2-4.***

▶**Conseil :** le dimanche, des marchés aux puces animent Grünerløkka et le complexe culturel Blå (*p. 80*).

« Nos adresses » p. 65, 70, 74, 80 et 83.

DOGA

Hausmanns gate 16 - 23 29 28 70 - www.doga.no - lun.-mar. et vend. 10h-17h, merc.-jeu. 10h-20h, w.-end 12h-17h - gratuit.

Situé sur la rive ouest, tout au sud de Grünerløkka, ce centre de design, de mode et d'architecture norvégien fondé en 2004 a pris ses quartiers dans un bâtiment plusieurs fois primé : un transformateur électrique joliment transformé. Boutique, expositions temporaires et café-terrasse avec vue sur la rivière. Franchissez le torrent par le **pont d'Ankerbrua** qu'ornent des statues mythologiques.

GRÜNERLØKKA★

Au moment de l'**essor industriel**, à la fin du 19e s., tandis que les usines de papier, de bois et de voiles s'étaient installées en bordure de la rivière, la rive orientale fut dévolue aux habitations des ouvriers, installés dans des immeubles, tous à peu près identiques. Le quartier, aux façades colorées et aux immeubles souvent dotés de cours intérieures, a aujourd'hui retrouvé une nouvelle jeunesse : des immigrés, souvent pakistanais, y ont ouvert des commerces de proximité (primeurs), tandis que la jeunesse branchée s'y retrouve, attirée par les terrasses

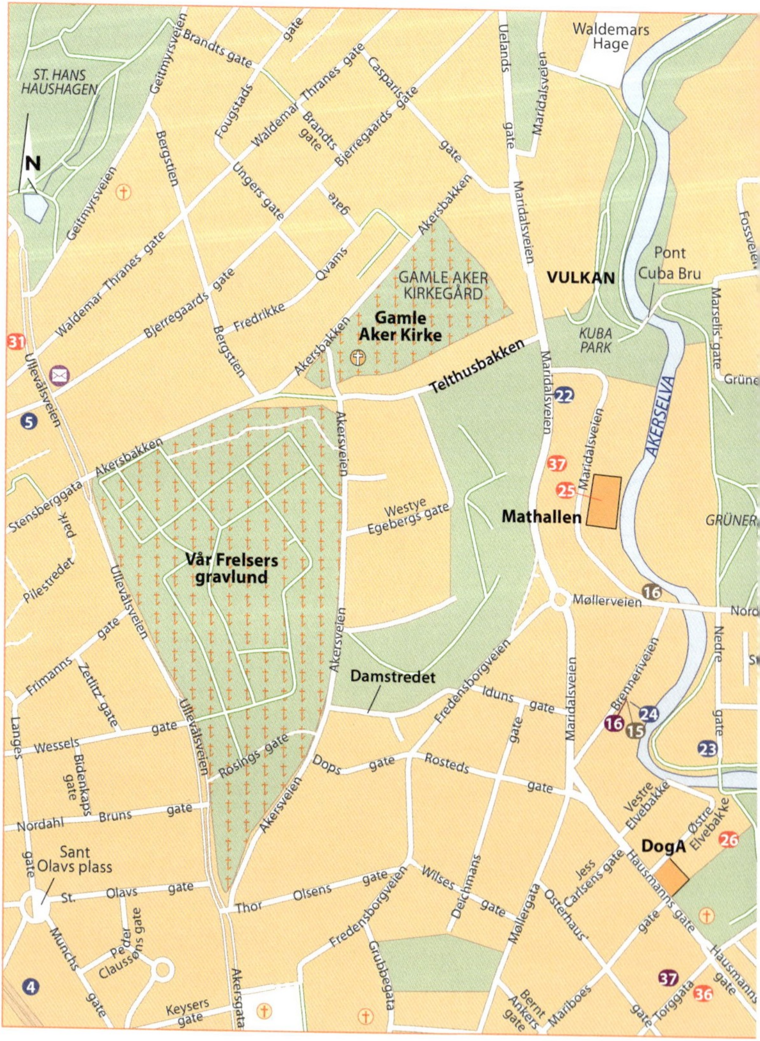
ST. HANS
HAUSHAGEN
N
Waldemars
Hage
Pont
Cuba Bru
VULKAN
KUBA
PARK
AKERSELVA
GAMLE AKER
KIRKEGÅRD
Gamle
Aker Kirke
Telthusbakken
Vår Frelsers
gravlund
Mathallen
Damstredet
DogA
GRÜNER
Brandts gate
Geitmyrsveien
Fougstads gate
Waldemar Thranes gate
Casparis gate
Bjerregaards gate
Brandts gate
Ungers gate
Bergstien
Uelands gate
Maridalsveien
Akersbakken
Ovams gate
Fredrikke
Fossveien
Marselis' gate
Ullevålsveien
Stensberggata
Pilestredet park
Akersveien
Westye Egebergs gate
Møllerveien
Nedre gate
Frimanns gate
Zetlitz gate
Langes gate
Wessels gate
Bidenkaps gate
Rosings gate
Dops gate
Rosteds gate
Iduns gate
Fredensborgveien
Brenneriveien
Vestre Elvebakke
Østre Elvebakke
Nordahl Bruns gate
Sant Olavs plass
St. Olavs gate
Thor Olsens gate
Wilses gate
Deichmans gate
Møllergata
Jess Carlsens gate
Hausmanns gate
Munchs gate
Peder Claussøns gate
Keysers gate
Akersgata
Grubbegata
Bernt Ankers gate
Osterhaus' gate
Mariboes gate
Torggata
31
5
22
37
25
16
24
15
23
26
4
37
36

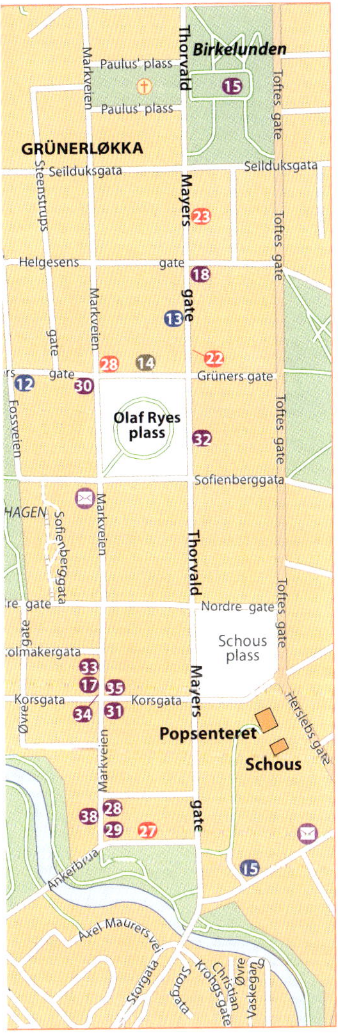

GRÜNERLØKKA

0 100 m

SE RESTAURER

- Delicatessen Grünerløkka ... 27
- Fru Hagen ... 22
- Funky Fresh Food ... 26
- Grünerløkka Brygghus ... 23
- Kontrast ... 37
- Mathallen ... 25
- Peloton ... 36
- Smalhans ... 31
- Villa Paradiso ... 28

PRENDRE UN VERRE

- Bortenfor ... 24
- Fuglen ... 4
- Fyrhuset Kuba ... 22
- Godt Brød ... 13
- Schouskjelleren Mikrobryggeri ... 15
- Syng ... 23
- Tim Wendelboe ... 12
- Underwater Pub ... 5

SHOPPING

- Acne Archives ... 29
- Ask Embla ... 31
- Birkelunden Marked ... 15
- Chillout travel store ... 33
- Hevn ... 37
- Hunting Lodge ... 28
- Insomnia ... 32
- Leker Og Mer ... 34
- Luck ... 30
- Marita Brukthandel ... 38
- Robot ... 17
- Søndagsmarkedet på Blå ... 16
- Sprell ... 35
- Velouria Vintage ... 18

SORTIR

- Blå ... 15
- Dansens Hus ... 16
- Parkteatret Scene ... 14

de cafés. Le nouveau quartier bobo d'Oslo, avec son cortège de galeries, de boutiques tendance ou vintage et de restaurants représentant à peu près toutes les gastronomies de la planète, s'anime chaque soir d'une ambiance jeune et festive. L'industrie n'a pourtant pas totalement disparu : la firme Mills (*encadré ci-dessous*) fait encore travailler des habitants du quartier.

Autour de l'**ancienne brasserie Schous**, dont la tour de brique domine une vaste cour, a été créé un espace mixte comprenant des logements, des commerces (notamment dédiés à la musique), une école de danse et de théâtre (Oslo Kulturskole), un centre de musique et de danse (Riksscenen) et des espaces de loisirs. Vous y trouverez également la **microbrasserie Mikrobryggeri** (*p. 70*), mais aussi le centre de la Pop.

Popsenteret – *Trondheimsveien 2, bygg T - 22 46 80 20 - www.popsenteret.no - mar.-vend. 10h-16h (jeu. 19h), w.-end 11h-17h - fermé lun. - 100 NOK (gratuit -4 ans et Oslo Pass).* Via des expositions interactives très vivantes, on découvre 100 ans d'histoire musicale norvégienne.

Thorvald Mayers gate, rue bordée de restaurants et de boutiques fripes, qui mène à **Olaf Ryes plass**, est le cœur de Grünerløkka. Elle concentre également des **micro-torréfacteurs** (*p. 70*) bien connus des amateurs de vrai café.

La rue continue jusqu'au rectangle verdoyant du parc **Birkelunden**, hôte le dimanche d'un vaste marché aux puces (*p. 74*).

Traversez le torrent par le **pont Cuba Bru**.

Kaviar pour tout le monde !

La firme Mills basée à Grünerløkka produit une spécialité toute scandinave : l'alimentation en tube métallique (de type dentifrice). Facile à utiliser sur du pain, il peut s'agir de pâte de fromage aromatisée ou de pâté de foie. Mais le plus connu est sans doute le ***kaviar****. Avec un K. L'esturgeon n'y contribue en rien. Il s'agit d'une pâte épaisse, très salée et de couleur orange, faite d'œufs de poisson fumé (cabillaud en général), d'huile, de sucre et de fécule de pomme de terre. Elle se consomme à tous les repas, se glisse dans les sacs des campeurs ou des écoliers. Chaque pays scandinave a ses marques phares. Les Norvégiens choisissent eux entre Mills (depuis 1952) et Stabburet.*

VULKAN

www.vulkanoslo.no/en

Les **berges de l'Akerselva**, torrent dévalant des proches montagnes, ont été aménagées en promenade où piétons et cyclistes aiment à flâner sur plusieurs kilomètres. Les usines et autres silos ont été transformés en cafés, écoles, logements, galeries, ateliers d'artistes… : celui peint en violet est devenu cité universitaire. La rivière a ainsi été rendue à la population et reliée à la ville pour devenir un axe vert et *trendy* très prisé.

En contrebas de Maridalsveien s'étend le très attractif pôle de Vulkan. Au cœur de cette enfilade

Damstredet, une ruelle au charme d'antan.

d'édifices de briques, de métal et de verre, pour certains très colorés, se trouve le moteur de ce quartier vivant, **Mathallen** *(p. 65)*, un espace dédié depuis 2012 à la diversité culinaire. Restaurants et boutiques gastronomiques se côtoient dans cet ancien entrepôt industriel pour mettre en avant les produits norvégiens et les saveurs du monde. L'ensemble s'anime les soirées de fin de semaine ou lors d'événements conviviaux. On trouve également ici des hôtels colorés *(p. 83)* et la Maison de la Danse *(p. 80)*.

TELTHUSBAKKEN★

Il s'agit d'une ruelle bordée de charmantes maisons de bois dotées de jardinets et de vergers. Le lieu est investi par artistes et architectes. Bien qu'au cœur de la capitale, on se croirait à la campagne !

GAMLE AKER KIRKE

(Vieille église d'Aker)

La plus vieille église d'Oslo a été construite en pierre vers 1100. Vous remarquerez à l'intérieur, très dépouillé, les gros piliers circulaires sur lesquels reposent les voûtes, ainsi qu'une abside romane en cul-de-four. Elle ouvre occasionnellement, pour des concerts.

VÅR FREISERS GRAVLUND

Vaste **cimetière paysager**, empreint de sérénité. C'est autour d'une éminence que reposent les grands noms de la culture norvégienne : **Henrik Ibsen** et sa femme (et muse) Susannah, **Bjørnstjerne Bjørnson**, **Edvard Munch** et son maître **Christian Krohg**, les peintres du mouvement romantique comme Fearnley, ou encore le poète national **Henrik Wergeland**.

DAMSTREDET★

Comme Telthusbakken, cette ruelle (aussi appelée Bergfjerdingen) au charme suranné est bordée de maisons en bois construites au 19ᵉ s., restaurées avec goût et à présent occupées par des artistes.

KUNSTINDUSTRIMUSEET

(Musée des Arts décoratifs et du Design)

www.nasjonalmuseet.no

Ce passionnant musée a fermé ses portes durant l'automne 2016. Mais ses collections seront transférées dans le nouveau Musée national en 2020 *(p. 26)*. En attendant, elles sont visibles en ligne sur le site Internet. Elles offrent un panorama des arts décoratifs, de la mode et du design de 1100 à nos jours, à travers de belles tapisseries médiévales, du mobilier et des objets des époques baroque, Régence, rococo, néoclassique, historiciste (caractérisée ici par le style « dragon » inspiré des Vikings) et Art nouveau.

Presqu'île de Bygdøy★★★

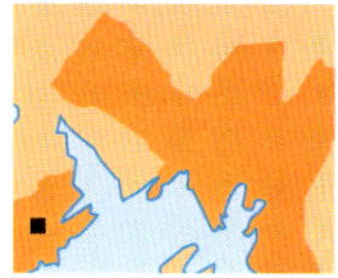

Quelques minutes en bateau ou à vélo suffisent pour quitter le centre-ville et rejoindre cette presqu'île verdoyante et fleurie. Ses rues élégantes invitent à la flânerie entre villas imposantes, églises en bois et plages de sable blond. Des rues que l'on emprunte pour relier les six musées de ce quartier huppé. Chacun illustre un aspect différent de la culture et de l'histoire norvégiennes. À découvrir : le folklore, les explorateurs ou encore les plus beaux bateaux vikings du monde !

▶**Accès :** par la ligne de bus n° 30, que vous prendrez à Rådhuset. Mieux, de mi-mars à mi-octobre, vous pourrez accéder avec le **ferry** : départ du débarcadère n° 3, devant l'hôtel de ville (www.boatsightseeing.com - 9h55-17h25 (mai-sept. : 8h55-18h25), ttes les 20 ou 30mn - AR 69 NOK au guichet, AS 48 NOK au guichet, 60 NOK à bord, gratuit avec l'Oslo Pass… mais pas avec les pass de transports urbains). Première escale (trajet 10mn) : **Dronningen**, proche des musées du Folklore, des Bateaux vikings et du centre sur l'Holocauste. Seconde escale : **port de Bygdøynes** (5mn) proche des trois musées marins. Vous pouvez aussi marcher entre les deux escales (15mn).

Plan de quartier p. 44. Plan détachable AB6-8.

▶**Conseil :** louez un vélo (*p. 95*) pour rejoindre Bygdøy *via* une piste cyclable de 3 km (au départ d'Aker Brygge), puis aller de musées en plages.
Si vous visitez les musées FRAM, de la Marine norvégienne et du Kon-Tiki, achetez un billet combiné, plus économique (*120 NOK pour 1 musée, 220 NOK pour 2 musées, 320 NOK pour 3 musées*).
Si vous rentrez en bus, profitez-en pour vous arrêter au musée de la Ville et à Vigelandsparken en chemin (*p. 47*).

NORSK FOLKEMUSEUM★★★

(Musée du Folklore norvégien)

Museumsveien 10 - 22 12 37 00 - www.norskfolkemuseum.no - ♿ - de mi-mai. à mi-sept. : 10h-18h ; reste de l'année : lun.-vend. 11h-15h, w.-end 11h-16h - 130 NOK (gratuit -6 ans et Oslo pass).

Installé au milieu d'un parc, il retrace l'histoire culturelle de la Norvège depuis le Moyen Âge. C'est le plus grand musée du genre dans tout le pays, répartissant ses collections tant à l'intérieur qu'à l'extérieur, et l'un des plus anciens au monde puisqu'il a ouvert en 1894.
La **section de plein air**, attraction principale, comprend 158 bâtiments

illustrant l'architecture rurale en bois de différentes régions de Norvège. Des fermes de la Gudbrandsdal, du Sogn og Fjordane, de l'Østerdal, ou de la Hallingdal témoignent des techniques traditionnelles de construction ainsi que de leurs variantes régionales. Les ensembles les plus représentatifs sont ceux de la Setesdal, de la Numedal et du Telemark. La partie urbaine expose des bâtiments et des appartements d'Oslo et d'autres cités norvégiennes. La plus belle pièce du musée est l'**église en bois debout de Gol★★★**, transférée depuis plus de cent ans de la petite ville de Gol, à 224 km au nord-ouest d'Oslo, et désormais restaurée. Les peintures de l'abside datent du 17e s. ; remarquez la *Cène* au-dessus de l'autel.

Enfin, une **petite ville** est reconstituée, avec ses boutiques (pharmacie, épicerie) et sa station-service. L'été, artisans et animaux viennent animer ce lieu.

Des **spectacles** ont lieu en été et les temps forts du calendrier norvégien y sont célébrés : nuit de la St-Jean, Pâques, marché de Noël.

Le reste des collections, exposé dans les grands bâtiments qui se trouvent à l'entrée du musée, se répartissent entre une section ethnographique consacrée à la **culture same**, une superbe collection de **costumes traditionnels** et une autre d'**art populaire** qui présente des objets en argent, des meubles sculptés et peints selon la technique de la « peinture à la rose », des instruments de musique, ainsi que des intérieurs du 19e s. reconstitués.

VIKINGSKIPSHUSET★★★

(Musée des Bateaux vikings)

Huk Aveny 35 - ✆ 22 13 52 80 - www.khm.uio.no - mai-sept. : 9h-18h ; reste de l'année : 10h-16h - 100 NOK (gratuit -18 ans et Oslo pass).

Ce musée abrite le contenu de trois bateaux-tombeaux vikings découverts à proximité de l'Oslofjord entre 1867 et 1904. Selon une pratique courante chez les Vikings, les trois bateaux avaient servi à des funérailles.

C'est Arnstein Arneberg qui conçut en 1913 le musée construit en forme de croix : le **bateau d'Oseberg** est exposé dans la « nef », juste au-delà de l'entrée, tandis que les **bateaux de Gokstad** et **de Tune** occupent chacun une aile.

La nef est prolongée par l'**aile Oseberg**, qui contient d'autres objets trouvés dans les tombes. L'état de conservation exceptionnel des objets découverts s'explique par le fait que le sous-sol est composé de tuf, qui protège les matériaux des effets nuisibles de l'air et de l'eau.

Le contenu de la **tombe de Tune**, abondamment pillée, est très fragmentaire, mais celui des **tombes d'Oseberg** et **de Gokstad** est varié et très intéressant.

La tombe d'Oseberg date de 834 environ, tandis que les deux autres ont 30 ou 40 ans de moins. Les objets en bois que l'on y retrouva, surtout le chariot, le seul connu de l'époque viking norvégienne, et les trois traîneaux, arborent de magnifiques décors de sculptures complexes représentant des animaux (chats, dragons) et des personnages.

saiko3p/iStock

Église de Gol, Musée du Folklore norvégien.

L'équipement du chef enterré à bord du bateau de Gokstad comportait trois petits bateaux qui, à la surprise des spécialistes, sont, 40 générations plus tard, quasi identiques aux bateaux traditionnels encore utilisés dans l'ouest de la Norvège!

Une **extension du musée** est prévue dans les prochaines années, pour le rendre plus passionnant encore.

« Leurs ancêtres les Vikings », p. 103.

HL-SENTERET

Huk Aveny 56 - 22 84 21 00 - www.hlsenteret.no - de mi-mai à mi-sept. : 10h-18h; reste de l'année : 10h-16h - textes en norvégien mais audioguide en anglais - visites guidées : sam. 11h30 et 12h - 70 NOK (gratuit avec Oslo pass) - bibliothèque et café.

Le **centre d'études sur l'Holocauste** est situé dans la Villa Grande où résida Vidkun Quisling, leader du parti nazi norvégien et chef du gouvernement de collaboration durant la guerre. Il y vécut jusqu'à son arrestation en mai 1945.

L'exposition permanente aborde la politique raciale nazie et, dans un sous-sol sinistre, le destin des juifs norvégiens. Sur les 1536 juifs enregistrés en 1942, 772 furent déportés parmi lesquels 738 furent tués dans les camps.

FRAMMUSEET★★

(Musée du Fram)

Bygdøynesveien 36 - ✆ 23 28 29 50 - www.frammuseum.no - juin-août : 9h-18h; mai et sept. : 10h-18h; oct.-avr. : 10h-17h - 120 NOK (gratuit -6 ans et Oslo Pass).

Posté à côté du *Kon-Tiki* (*ci-contre*), le **Fram** (39 m x 11 m, dont le nom signifie « en avant ») raconte lui-aussi une histoire d'hommes et de mers. Il détonne par son architecture en forme de tente. Le vaisseau polaire *Fram* fut construit pour l'explorateur **Fridtjof Nansen** (1861-1930) suivant une technique innovante lui permettant d'être soulevé (et non écrasé) sous la pression des glaces de la banquise. L'exposition s'enroule verticalement le long de plusieurs étages de coursives autour du navire lui-même. Vous découvrez les différents explorateurs, les expéditions menées et le quotidien des équipages dans les terres polaires (beaucoup de textes à lire !). Photos anciennes, art et artisanat inuit ainsi que des instruments de navigation ponctuent la visite. Les enfants pourront pénétrer dans un igloo, préparer un traîneau à chiens, se divertir dans un simulateur d'expédition polaire et s'émerveiller à la vue d'aurores boréales. Puis vous monterez à bord pour déambuler sur les ponts, dans les cabines et les salles des machines.

Un passage souterrain, consacré aux différentes expéditions qui, entre 1496 et 1906, ont cherché le fameux passage du Nord-Ouest, ainsi qu'à celles qui ont exploré la route du Nord-Est – quêtes qui se sont souvent achevées en tragédie – relie le *Fram* à une seconde grande salle. Celle-ci est consacrée au **Gjøa**. Dédié à la pêche aux harengs, ce navire de 21 m a permis à **Roald Amundsen** (1872-1928) d'ouvrir le passage du Nord-Ouest entre 1903 et 1906, puis d'explorer le Pôle Sud. Il sera à nouveau accessible au public, après une longue rénovation, en 2019.

Une salle annexe présente un montage audiovisuel dédié à l'exploration du Grand Nord. Dressée à la pointe la plus orientale de Bygdøy, avant l'embarcadère du ferry, l'une des sculptures les plus monumentales de Joseph Grimeland célèbre la mémoire des **3 500 marins norvégiens** disparus pendant la Seconde Guerre mondiale en servant sur les navires réquisitionnés de la marine marchande. Les familles et les survivants se sont longtemps battues contre l'État norvégien pour obtenir des compensations.

KON-TIKI MUSEET★★

(Musée du Kon-Tiki)

Bygdøynesveien 36 - ✆ 23 08 67 67 - www.kon-tiki.no - juin-août : 9h30-18h ; mars-mai et sept.-oct. : 10h-17h ; nov.-fév. : 10h-16h - 120 NOK (gratuit -6 ans et Oslo Pass).

Ce musée retrace les voyages de **Thor Heyerdahl** (1914-2002), anthropologue dont le but était de retrouver les itinéraires suivis par les peuples anciens.

En 1947, Heyerdahl quitta le Pérou en direction de la Polynésie sur un radeau en bois de balsa (bois très léger). Il voulait ainsi prouver que les Polynésiens étaient originaires d'Amérique du Sud. Le radeau, auquel il donna le nom de **Kon-Tiki**, était une réplique exacte de ceux que fabriquaient les Indiens avant la période inca.

Le deuxième bateau exposé, appelé **Ra II** et construit en papyrus, fut utilisé par Heyerdahl en 1970 pour traverser l'Atlantique de Safi, au Maroc, jusqu'aux Barbades, afin de montrer que les Égyptiens auraient pu traverser l'Atlantique et exercer une influence sur la civilisation des Indiens d'Amérique centrale.

Si les théories d'Heyerdahl semblent contestables, il se dégage de ses périples un exaltant parfum d'aventure.

Ojimorena/iStock

Reproduction d'un Moai devant le musée du Kon-Tiki.

NORSK MARITIMT MUSEUM★

(Musée norvégien de la Marine)

Bygdøynesveien 37 - ✆ 24 11 41 50 - www.marmuseum.no - mai-sept : 10h-17h ; reste de l'année : 10h-16h - 120 NOK (gratuit -6 ans et Oslo Pass).

Ce musée s'avère important quand on connaît la place essentielle qu'occupe la mer dans la société

Plages au bout de la rue

Proches du centre-ville, accessibles en bus et en vélo, les plages de sable de la presqu'île sont très populaires. Elles portent les noms de ***Huk*** *(une section réservée aux naturistes) ou* ***Paradisbukta****. Toutes comptent des bars de plage, ouverts en été, et des aires de jeux. Le beach-volley y est largement pratiqué.*

norvégienne, qui possède la treizième flotte marchande du monde. Au rez-de-chaussée sont exposés d'anciennes embarcations, dont les caractéristiques varient en fonction de l'époque et du type de pêche pratiquée. Aux murs, la collection de figures de proue semble veiller sur elles. Parmi les peintures présentées dans la salle dédiée, une large part est faite à ceux qui restent à terre, comme dans le tableau de Per Krohg (1889-1965), *Femmes sur le quai*.
Le musée possède également une riche collection de répliques de bateaux, dont celle du *Norway*, l'ancien paquebot *France*...
Une salle est également consacrée aux sous-marins en action durant la Seconde Guerre mondiale et une autre à la vie en mer sur les bateaux, tandis que le dernier étage traite des aspects scientifiques, économiques et écologiques de l'exploitation des mers. Au sous-sol, on contemple d'autres maquettes en bois, du monde entier, ainsi qu'une pirogue monoxyle longue de 11 m et vieille de 2200 ans ! Derrière les vitres d'un atelier, des artisans s'affairent sur des maquettes...
Ne manquez pas la **projection** du film en format panoramique sur les magnifiques rivages norvégiens *(15mn - ttes les 30mn)*.
Inaccessible actuellement, la salle des bateaux traditionnels (*fembøring* du Nord et son gréement, – apparenté aux bateaux vikings –, *sekskeiping* du Nordfjord, bateaux fluviaux, bateau same...) restera fermée jusqu'en mai 2019.

Mikado géant

Plus à l'ouest encore, sur la péninsule suivante de ***Fornebu*** *(p. 55), qui accueillait jusqu'en 1998 un aéroport, se dresse la* ***Telenor Arena*** *(le Bercy local) et surtout un édifice que les amateurs d'architecture contemporaine connaissent bien : le* ***siège de la compagnie pétrolière Statoil*** *(accès par le bus 31 au départ du Rådhuset). Inauguré en 2012, il a été dessiné par le* ***cabinet A-lab****. Il s'agit d'un incroyable empilement de cinq parallélépipèdes identiques (140 m de long, 23 m de large et 3 étages), orientés dans différentes directions. Dans la série « Occupied », diffusée en France sur Arte, il abrite le siège du gouvernement norvégien. Vous pourrez l'admirer de l'extérieur seulement...*

À l'ouest du Palais royal

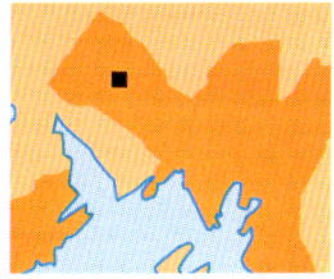

Sur les pentes qui séparent le Palais royal et le parc Frogner s'alignent les belles et calmes rues des quartiers chics de la capitale. On peut s'y promener au hasard pour admirer les façades, les jardins fleuris et rêver devant les vitrines de Bygdøy Allé ou de Hegdehaugsveien. Cette vaste zone abrite également deux stades mythiques et un cinéma historique : le Colosseum. Un peu plus à l'ouest, plus de 200 statues géantes peuplent un immense parc. Surprenant !

▶ **Accès :** pour Vigelandsparken et ses environs, Ⓜ Majorstuen ou Tram nº 12 (arrêt Vigelandsparken). Pour le Barnekunstmuseet, Ⓜ Frøen.

Plan détachable BC1-3.

▶ **Conseil :** visitez le Vigelandsparken au lever ou à la tombée du jour, quand les allées sont encore désertes, quand la brume enveloppe les sculptures ou que les ombres s'allongent. La visite du musée de la Ville et du parc peuvent se combiner avec celle de Bygdøy, surtout si prenez le bus (arrêt Olav Kyrres plass).

« Nos adresses » p. 66, 71, 76, 80 et 83.

VIGELANDSPARKEN★★

(Parc Vigeland)

www.vigeland.museum.no - parc ouvert 24h/24 - gratuit - entrée principale dans Kirkeveien.

Conçu selon un plan très structuré, il s'inscrit dans le vaste **Frognerparken** (parc Frogner) situé au nord-ouest du centre-ville, qui est presque entièrement dédié aux sports.

Il a été dessiné par **Gustav Vigeland** (1869-1943), le plus célèbre sculpteur norvégien du 20e s., qui y travailla pendant près de 20 ans. Le parc contient 200 sculptures monumentales sur le thème de la destinée de l'homme, de l'enfance à la vie adulte. Passé les imposantes grilles de fer forgé, on est confronté à la puissance des statues massives et réalistes figurant hommes, femmes et enfants, gens ordinaires saisis dans des scènes de la vie quotidienne.

Au-delà du pont (où est placé le bébé coléreux devenu l'emblème de la ville), de ces groupes de statues en bronze et de la fontaine centrale allégorique, on atteint le point culminant du parc, le *Monolithe* : ce monticule étagé en terrasses est surmonté d'une colonne centrale entourée de sculptures illustrant des aspects des relations humaines : le combat, l'amour... Sur la colonne, une multitude de formes entrelacées essayant péniblement d'atteindre le sommet symbolise la lutte pour la vie, thème récurrent de l'œuvre, au style bien particulier, de Vigeland.

Le sport est roi

*Le **stade Frogner** fut le théâtre, dès son inauguration en 1914, de deux records de patinage de vitesse signés **Oscar Mathisen**... 21 autres records suivront jusqu'en 1940. Le **stade Bislett** jouit toujours d'une renommée internationale. Ouvert en 1922, il a accueilli les JO d'hiver de 1952, voit jouer aujourd'hui le club de football de **Skeid** (rival du Vålerenga) et, surtout, sert de cadre à une fameuse compétition d'athlétisme depuis 1924. Un grand nombre de records ont été battus sur une piste très rapide... qualifiée de magique par les athlètes. La taille modeste des tribunes en fait un lieu très convivial.*

BYMUSEET

(Musée de la Ville d'Oslo)

Frognerveien 67 (dans le parc, avant le pont, sur la gauche de l'allée centrale) - ☎ 23 28 41 70 - www.oslomuseum.no - tlj sf lun. 11h-16h - fermé 1 sem. autour de Noël, 31 déc. et 17 mai - 90 NOK (gratuit -18 ans et Oslo Pass).

Le beau **manoir en bois Frogner**, coiffé d'un élégant clocheton, a fermé début 2018 pour rénovation (au moment-même où le musée devenait payant...). Une partie de ses passionnantes collections, faisant revivre l'histoire de la ville au travers de plans, gravures, tableaux et meubles, reste cependant visible dans la partie moderne du musée.

On peut toujours profiter de la très agréable cour du manoir avant de parcourir le parc.

VIGELAND-MUSEET

(Musée Vigeland)

Nobels gate 32 (derrière le musée de la Ville ; sortir du parc et traverser Halvdan Svartes gate) - ☎ 23 49 37 00 - www.vigeland.museum.no - mai-août : mar.-dim. 10h-17h ; reste de l'année : mar.-dim. 12h-16h - fermé lun. - 80 NOK (gratuit -7 ans et Oslo Pass).

Le musée est aménagé dans l'**ancien atelier de Gustav Vigeland**, maison que lui fit construire la Ville d'Oslo, où il vécut et travailla de 1924 à 1943. Il contient presque toutes ses œuvres, ses dessins, ses gravures sur bois, ses moulages, ainsi que les esquisses et les moules ayant servi à réaliser les sculptures du parc.

BARNEKUNSTMUSEET

(Musée international d'Art enfantin)

Métro Frøen. Lille Frøens vei 4 - ☎ 22 46 85 73 - www.barnekunst.no - été : mar.-jeu. 9h30-14h, w.-end 11h-16h ; reste de l'année : horaires variables, voir le site Internet - 75 NOK (gratuit avec Oslo Pass).

Voici un musée original qui présente des œuvres d'enfants du monde entier. Un monde que l'on voit avec leurs yeux le temps d'une visite. Bonheur, craintes, espoirs, opinions, préoccupations... La collection est amenée à s'étoffer chaque année. Des thèmes sont régulièrement mis en avant par des expositions temporaires.

Sculpture de Gustav Vigeland, une parmi les 200 réparties dans le parc qu'il a conçu.

jvdwolf/iStock

Nordmarka et Holmenkollen★

Le quartier Holmenkollen, dans la zone forestière de Nordmarka qui sent bon la résine, offre des vues superbes sur l'agglomération. En hiver, vous prendrez les transports en commun qui y mènent avec des skieurs ! Car à proximité du centre, les 90 km de pistes et remontées mécaniques de l'Oslo Vinterpark attendent les amateurs de glisse – un site qui fut choisi comme cadre des JO d'hiver de 1952. Cette vaste zone boisée est le terrain de jeux favori des Osloïtes. En été, 450 km de sentiers balisés équipés de refuges permettent de partir en randonnée à pied ou à VTT. Comme les pistes de ski de fond et les lacs propices au kayak ou au patinage, ils sont accessibles en métro !

▶**Accès :** à 10 km au nord-ouest du centre-ville. Ⓜ ligne 1, arrêt Holmenkollen. Le métro s'élève entre les sapins clairsemés et les maisons en bois.

Plan p. ci-contre.

▶**Conseil :** si vous êtes à Oslo au mois de mars, venez assister aux compétitions internationales (ski de fond, saut à ski) pour comprendre l'engouement des Norvégiens pour ces disciplines. Des restaurants et cafés permettent de contempler le panorama en prenant un verre. Ainsi l'immense chalet de 1894 qui abrite l'hôtel Scandic Holmenkollen Park (*p. 83*).

HOLMENKOLLBAKKEN/ SKIMUSEET★

(Tremplin et Musée du Ski)

Kongeveien 5 - ☎ 91 67 19 47 - www.holmenkollen.com - juin-août : 9h-20h ; mai et sept. : 10h-17h ; oct.-avr. : 10h-16h - fermé janv. - 140 NOK (gratuit -6 ans et Oslo Pass).

Le célèbre **tremplin de saut à ski** est né en 1892, mais fut reconstruit à maintes reprises. L'architecte belge Julien De Smedt a dessiné sa nouvelle silhouette pour les championnats du monde de 2011 et en a fait le tremplin le plus beau de la planète blanche. Il évoque la queue d'un dinosaure géant émergeant au-dessus de la forêt ou, dans un ciel brumeux, une aurore boréale blanche. Le **musée** qui y est abrité illustre l'évolution de la technique du ski depuis la préhistoire (matériaux, fixations...). Les collections comprennent également des vêtements et des équipements, en particulier ceux des expéditions polaires de Nansen et d'**Amundsen**. Dans un ancien atelier, on peut assister à la fabrication des skis suivant une méthode traditionnelle. Le clou de la visite est la montée sur la **plate-forme de lancement** du tremplin. Un panorama formidable à 360° sur la ville, son fjord, ses îles,

Ekely/iStock

Tremplin de saut à ski d'Holmenkollen, version 2011, dessiné par l'architecte Julien De Smedt.

ses quartiers verdoyants et les montagnes boisées, si proches, s'offre à vous. Une tyrolienne de 361 m de long et 107 m de dénivelé permet de se lancer en surplomb du tremplin (*730 NOK*). Émotion garantie !

SKI SIMULATOR HOLMENKOLLEN

www.skisimulator.no - mêmes horaires que le musée du ski - 95 NOK (25 % de réduction avec Oslo Pass).

Si vous êtes amateur de sensations fortes, et que vous avez le cœur bien accroché, prenez votre envol ! En pénétrant dans cet engin mystérieux, vous éprouverez des sensations rares, comme celle d'être en train de dévaler la piste du tremplin.

ACTIVITÉS

Les pistes de l'**Oslo Vinterpark** (*www.oslovinterpark.no*) sont ouvertes de décembre à Pâques et éclairées jusqu'à 22h (w.-end 17h). Les snowboarders comme les fondeurs n'auront que l'embarras du choix.

Les 2700 km de sentiers sont également adaptés à la marche en raquettes en hiver, aux randonneurs et vététistes en été. Pour la randonnée et toutes autres activités : informations, plans, services de guides, auprès de la DNT (*Storgata 3 - www.dntoslo.no*).

Oslofjorden★★

(Fjord d'Oslo)

Si le fjord d'Oslo n'est pas aussi célèbre et grandiose que ses cousins de la côte ouest, il n'en est pas moins superbe... Et accessible en quelques minutes. Rares sont les capitales où l'on peut prendre le bateau au pied de l'hôtel de ville pour rejoindre des îles, des plages et des villages colorés qui inspirent les artistes. Prenez le large et changez de monde pour quelques heures !

▶**Accès :** de l'embarcadère 4 devant l'hôtel de ville, ferries pour **Hovedøya** (lignes B1, B2, B3), **Lindøya** (B1, B2), **Nakholmen** (B2), **Bleikøya** (B3), **Gressholmen** (B4) et **Langøyene** (B4). Ticket de transport en commun ou Oslo Pass. Pour **Drøbak**, bus 500 de la gare routière d'Oslo (durée 40-50mn) ou ferries B21 et B22 d'Aker Brygge (durée 1h30).
Informations sur les tarifs, durées et horaires sur www.ruter.no.

Plan p. 50.

▶**Conseil :** si vous ne disposez que de quelques heures, privilégiez l'île d'Hovedøya, la plus proche et la plus « complète ».

LES ÎLES

Sur la plus proche, **Hovedøya**, les ruines romantiques d'une abbaye cistercienne, construite par des moines anglais, se dressent dans un site charmant, qui offre en outre plusieurs points de baignade.
Les bateaux desservent d'autres îles, toutes différentes, toujours charmantes. Ainsi **Lindøya**, **Nakholmen** et **Gressholmen** (réserve naturelle), proches les unes des autres, mais aussi **Langøyene**, située plus au sud, agrémentée de belles **plages** (certaines naturistes).

DRØBAK★

Ce vieux bourg animé a conservé quelques charmantes maisons de bois datant pour la plupart du 19ᵉ s. L'intérieur baroque de l'**église** de bois peint en blanc, de 1776, est très intéressant.
Au début du 20ᵉ s., plusieurs artistes, dont **Christian Krohg** et **Frits Thaulow**, vinrent travailler à Drøbak en été ; depuis, la cité reçoit régulièrement la visite d'artistes, ce qui explique l'existence de nombreuses galeries de peinture et d'ateliers d'artisanat.
Tregaardens Julehus (maison de Noël) – *Havnebakken 6 - ✆ 64 93 41 78 - www.julehus.no - mars-oct. : 10h-17h (sam. 15h) et dim. 12h-16h de juin à Noël ; nov. : 10h-17h (sam. 16h) ; déc. : 10h-20h (sam. 16h) ; 24 déc. : 9h-12h ; fêtes de fin d'année : 10h-15h - gratuit.* Dans un cadre féerique à dominante rouge et vert, toutes sortes de décorations de Noël et de personnages traditionnels.

Le fjord d'Oslo : préparez votre maillot !

Follo Museum★ – *Belsjøveien 17 - ✆ 66 93 66 36 ou 40 02 09 30 - www.follomuseum.no - mar.-vend. 10h-15h tte l'année et dim. 12h-16h en été - visite guidée sur réserv. 50 NOK - accès expositions 50 NOK.* Ce **musée de plein air**, inauguré en 1968, est situé au milieu des bois, dans un site naturel préservé. Il comprend un relais de poste *(Korsegården)* de 1730, une ferme de 1812, une maison de paysan de 1700 environ, une école de 1869. Des concerts et diverses activités sont organisés en été. Le musée, qui est également responsable de la préservation du patrimoine côtier de l'Akershus, expose également plusieurs bateaux présentant un intérêt historique.

Oscarsborg Festning – *À 10mn de ferry de Drøbak - ✆ 81 57 04 00 - www.oscarsborg.no - juin-août : 10h-16h - possibilité de visite guidée en anglais - 105 NOK.* Ce **fort** se dresse sur une île du détroit de Drøbak, à l'endroit même où le fjord commence à s'élargir à l'approche d'Oslo. Sa position stratégique valut à la forteresse une renommée soudaine lorsque, en avril 1940, ses batteries coulèrent le cuirassé allemand *Blücher,* donnant ainsi à la famille royale et au Gouvernement norvégien le temps de quitter Oslo...
Vous y trouverez un musée présentant l'histoire du site et des équipements de loisirs estivaux.

Sur la rive occidentale

La rive ouest du fjord est un défilé de péninsules et d'îles plus ou moins urbanisées. Celle de Fornebu par exemple, site d'un aéroport jusqu'en 1998, mêle les zones naturelles et les activités économiques (sièges des sociétés Telenor et Statoil). Plus au sud, le Centre d'art Henie-Onstad sera une excursion prioritaire pour les amateurs d'art moderne.

▶ **Accès :** en bus ou en train selon le site.

Plan p. 50 Hors plan.

HENIE-ONSTAD KUNSTSENTER★★

(Centre d'art Henie-Onstad)

À Høvikodden, 12 km au sud-ouest d'Oslo. Bus n° 151 au dép. des gares Oslo Sentralstasjon et Nasjonal Teatret. Sonja Henies Vei 31 - ✆ 67 80 48 80 - www.hok.no - ♿ - mar.-dim. 11h-17h - fermé lun. - consultez le site Internet pour les périodes de fermeture - 120 NOK (gratuit -18 ans et Oslo pass).

Ce centre d'art moderne occupe un site magnifique sur la rive boisée du fjord. Il fut inauguré en 1968 pour abriter 300 œuvres d'art, dont la danseuse sur glace **Sonja Henie** (1912-1969) et son mari, l'armateur Niels Onstad, avaient fait don à la Norvège. Depuis, la collection s'est élargie pour constituer aujourd'hui le plus important fonds d'**art moderne international** du pays. Les principales tendances du 20e s. sont bien représentées : le cubisme, par Braque, Juan Gris et Picasso ; le surréalisme par Miró et Ernst ; le groupe Cobra par plusieurs œuvres d'Asger Jorn et de Karel Appel ; et les diverses mouvances de l'art abstrait... Une salle est consacrée aux trophées et médailles remportés par Sonja Henie. Parallèlement, de belles expositions temporaires sont organisées.

ASKER MUSEUM

(Musée d'Asker)

À Hvalstad, 23 km au sud-ouest d'Oslo. Train local entre Oslo Sentralstasjon et Hvalstad, puis 500 m à pied. Otto Vallstadsvei 19 - ✆ 66 79 00 11 - www.askermuseum.no - mar.-vend. 11h-15h et dim. 12h-16h - fermé lun. et sam. - 80 NOK.

Le musée abrite la collection léguée par Otto et Tilla Valstad, comprenant leur domaine ainsi que plusieurs bâtiments qu'ils y avaient fait transporter et reconstruire afin de les préserver : un *stabbur* (p. 111), trois maisons d'habitation, une forge et une chapelle. Les tableaux et dessins rassemblés par les Valstad ainsi que les œuvres d'Otto, lui-même peintre, sont exposés dans une galerie édifiée à cet effet. D'autres artistes s'installèrent dans ce coin alors surnommé la « vallée des Artistes ».

Au bord de la Glomma

Le plus long fleuve de Norvège (621 km) achève sa course tout au sud du fjord d'Oslo. En route, un peu en aval de Fetsund, il se jette dans le lac Øyeren, formant l'estuaire intérieur le plus vaste d'Europe. Axe stratégique qui pénètre loin dans les terres, son embouchure est protégée à Fredrikstad par une forteresse remarquablement conservée. La Glomma fut aussi pendant des siècles utilisée pour le transport de bois, que l'on faisait flotter une fois coupé. Cette activité est racontée au sein d'un passionnant musée en plein air.

▶ **Accès :** possibilité de se rendre à Fetsund et Fredrikstad en train.

Plan p. 50 Hors plan.

FETSUND LENSER★★

(Musée du Flottage du bois)

À Fetsund, 29 km à l'est d'Oslo. Train local L14 entre Oslo Sentralstasjon et Fetsund (21mn) - Lundveien 3 - ✆ 63 88 75 50 - www.fetsundlenser.no - ♿ - juin-août : tlj sf lun. 11h-16h ; mai et 1re quinz. de sept. : w.-end 11h-16h - 40 NOK.

Ce musée de plein air original fut aménagé afin de préserver le barrage flottant utilisé pour rassembler et trier les troncs d'arbres descendant la Glomma, jusqu'à ce que cette activité ne cesse définitivement en 1985. Il comprend 2,5 km de chemins flottants, une forge, une exposition présentant une maquette du site, des outils utilisés par les employés pour manœuvrer les troncs, les diriger vers un endroit donné et les empêcher de s'amonceler, des estampilles, marques distinctives des différents propriétaires, qui indiquaient en outre où le bois devait être expédié.

On y trouve également un **centre d'information sur la nature** relié au musée par un sentier de découverte qui se déploie à la fois sur la rive et sur l'eau.

GeorgesDiegues/iStock

Maison en bois de Fredrikstad.

Des rives de la Glomma aux pôles

*Né le 16 juillet 1872 à Borge près de Fredrikstad, **Roald Amundsen** a commencé sa carrière d'explorateur en Antarctique en 1897, à bord de la Belgica, sous la conduite d'Adrien de Gerlache, organisateur de l'expédition. Il gagne ensuite des galons en découvrant le passage du Nord-Ouest par le détroit de Béring (1905-1906).*
*En janvier 1911, son navire le **Fram** (**p. 44**), aborde le continent Antarctique pour entreprendre une expédition jusqu'alors tenue secrète. Lui et ses hommes seront les premiers à atteindre le pôle Sud en décembre de la même année. Amundsen remporte ainsi son duel avec les explorateurs américain Peary et anglais Scott. Sa soif de record le pousse en 1926 à rejoindre le pôle Nord, à bord du dirigeable Norge, devenant ainsi le premier homme « bipolaire » (disons plus clairement à avoir atteint les deux pôles...). Deux ans plus tard, il part en hydravion pour porter secours à son ami Umberto Nobile dont le dirigeable s'est écrasé aux Svarlbard. Il n'y parviendra jamais, sans doute victime d'un accident au-dessus de la mer de Barents. Son corps ne fut pas retrouvé. Plusieurs sites des régions polaires portent son nom et même.... un cratère proche du pôle Sud de la lune.*

La cafétéria rustique sert de délicieux sandwichs au pain complet, garnis de poisson fumé.

FREDRIKSTAD

À 95 km au sud-est d'Oslo. En train : ligne R20 dir. Halden ou Gôteborg. Dép. d'Oslo Sentralstasjon ttes les h (env. 1h10). De là gare, pour rejoindre la vieille ville, suivre « Jernbaneveien » jusqu'à la rivière (200 m). Bateau-navette gratuit (Gamlebyfergen Cicignon-Gamlebyen) ttes les 15mn.
Posée à l'**embouchure de la Glomma**, Fredrikstad a été fondée en 1567 par le roi du Danemark Frédéric II. C'est une des rares cités fortifiées de Scandinavie, et sans doute la mieux conservée.

Gamlebyen – *69 30 46 00 - www.visitoestfold.com/fredrikstad-og-hvaler/- visite guidée en anglais de mi-juin à fin août : 12h et 14h - 130 NOK.* D'un côté, la **vieille ville** est protégée par le fleuve, des trois autres par des remparts « en étoile » et des douves percées de belles portes de brique.
Sillonnée de rues rectilignes grossièrement pavées, elle abrite des maisons de bois aux façades colorées d'une remarquable unité architecturale, datant pour la plupart du 18e s.
Quelques cafés et galeries d'art égayent l'ensemble qui converge vers la vaste **place Kongens Torv**, cadre d'une brocante très courue chaque samedi en été.

Nos adresses

Sur les quais d'Aker Brygge, les terrasses sont prisées.
AsianDream/iStock

Se restaurer

Cafés historiques ou modernes, restaurants classiques ou kiosques, cuisine locale ou internationale, le choix est vaste à Oslo. Un point commun à toutes les adresses : se restaurer peut s'avérer très onéreux ! En général, le soir, les tarifs des menus doublent ou triplent. Misez sur le *smørbrød* (buffet) et la formule *lunsj* du midi ! Sachez que, sous le nom de **café**, se cache également un lieu où l'on se restaure. Les menus des cafés et des pubs restent stables tout au long de la journée et on peut y manger à toute heure. Ainsi, de nombreuses adresses indiquées dans « Prendre un verre » (*p. 67*) permettent de se restaurer.

Le **centre-ville** rassemble tous les types d'établissement, les plus traditionnels occupant parfois de belles maisons anciennes. Les abords de **Youngstorget** attirent la jeunesse. Les restaurants de produits de la mer colonisent les pontons de **Akker Brygge**. À **Grünerløkka**, les cafés conviviaux et/ou branchés abondent. Tous les **musées** abritent une cafétéria. Les magasins 7-Eleven et Di Luca, ouverts tard la nuit, proposent de quoi grignoter (*« Restauration », p. 92*). Les tarifs indiqués désignent un menu ou un plat principal.

Repérez les adresses sur nos plans grâce aux pastilles numérotées (ex. 1).
Les coordonnées en rouge (ex. C2) font référence au plan détachable (à l'intérieur de la couverture).

AUTOUR DE KARL JOHANS GATE

Plan de quartier p. 18-19

Moins de 15 € (140 NOK)

3 **Kaffistova** – ***E5*** - *Rosenkrantz gate 8 - 23 21 41 10 - www.kaffistova.no - 11h-21h, w.-end 11h-19h - déj. 75/165 NOK, dîner 139/195 NOK.* Le restaurant de ce café ouvert en 1901 sert une cuisine norvégienne authentique et copieuse : vous apprécierez les boulettes de viande comme les poissons frais ou fumés, agrémentés de salades. Grand choix de desserts en vitrine.

36 **Peloton** – ***F4*** - *Torggata 35 - 921 56 181 - www.pelotonbar.no - lun.-vend. 7h-23h, w.-end 11h-2h - 100/200 NOK.* Ce grand bar-restaurant ravira les mordus de vélo avec sa collection de cycles, maillots et casquettes accrochés aux murs et ses retransmissions du Tour de France. Le reste du temps y règne une ambiance décontractée, à la berlinoise. On vient s'y repaître de salades ou de pizzas.

De 15 à 30 € (140 à 280 NOK)

4 **Brasserie Paleo** – ***E5*** - *Rosenkrantz gate 1 - 23 31 55 80 - www.brasseriepaleo.no - lun.-vend. 6h-0h, sam. 7h-1h - fermé dim. - déj. 170/190 NOK, dîner 500/660 NOK.* Avec son nom qui reflète sa philosophie et son style urbain, voilà un restaurant d'hôtel qui sort de l'ordinaire. Sa cuisine ouverte

permet de contempler le travail des chefs élaborant une séduisante cuisine scandinave empreinte de modernité.

1 **Fiskeriet** – ***F5*** - *Youngstorget 2B - 22 42 45 40 - http://fiskeriet.com - 11h-21h, sam. 12h-21h - fermé dim. - 175/395 NOK.* Cette poissonnerie bien connue des habitants du centre d'Oslo propose d'excellents « fish and chips », des soupes ou un plat « pêche du jour », à déguster en terrasse ou à emporter.

2 **Illegal Burger** – ***F5*** - *Møllergata 23 - 22 20 33 02 - 14h-23h, vend.-sam. 14h-1h, dim. 14h-22h - 200 NOK.* Dans le quartier de Youngstorget – celui de la jeunesse – on trouve naturellement un temple du burger. On ne vient pas pour le décor, mais pour faire la queue et avaler de juteux burgers richement garnis.

De 30 à 60 € (280 à 565 NOK)

5 **Fjord** – ***E4*** - *Kristian Augusts gate 11 - 22 98 21 50 - www.restaurantfjord.no - 17h-23h30 - fermé dim.-lun. - menu 300/445 NOK.* Un restaurant élégant au cadre contemporain. Spécialités de produits de la mer dans un menu qui change chaque semaine.

6 **Theatercafeen** – ***E5*** - *Stortingsgaten 24-26 - 22 82 40 50 - www.theatercafeen.no - 11h-23h, dim. 15h-22h - déj. 189/395 NOK - dîner 620/755 NOK.* Depuis 110 ans, cette brasserie à l'ancienne accueille une clientèle aisée dans un cadre élégant. Le soir, dîners raffinés accompagnés de concerts de musique classique.

fotoVoyager/iStock

Karl Johans gate bordée de terrasses.

Des portraits de célébrités locales ornent les murs.

Plus de 60 € (565 NOK)

32 **Arakataka** – ***F4*** - *Mariboesgate 7 - 23 32 83 00 - www.arakataka.no - 16h-22h (21h le dim.) ; foodbar merc.-sam. 17h-0h30 - menus 545/625 NOK.* Cette adresse au décor raffiné, tout en boiseries, affiche une atmosphère chic et décontractée, mais le service pousse un peu à la consommation. La cuisine, inventive, revisite les classiques norvégiens, la « world food »et les produits de la mer. Un grand choix d'assiettes savoureuses, pour un menu de 3 à 5 plats, à composer soi-même.

AKER BRYGGE ET TJUVHOLMEN

Plan de quartier **p. 18-19**

De 15 à 30 € (140 à 280 NOK)

8 **Sorgenfri** - ***D6*** - *Bryggetorget 4 - 21 50 10 90 - www.cafesorgenfri.no - 11h-22h, dim. 12h-18h - déj. 135/279 NOK, dîner à la carte 479/615 NOK.* Cette grande brasserie moderne est richement décorée d'objets de brocante en tout genre. Sur la terrasse, vous pourrez apprécier des plats très corrects (moules, frites, spécialités danoises...).

9 **Rorbua** - ***D6*** - *Stranden 71 - 22 83 64 84 - www.rorbua.as - 12h-22h, dim.-lun. 12h-21h - déj. 175/250 NOK, dîner à la carte 412/676 NOK.* Rien d'un « rorbu » vu de l'extérieur, mais l'intérieur, tout en bois, rappelle ces séchoirs à poissons des îles Lofoten. Au menu, spécialités du Nord : élan, renne, baleine... et « bouillabaisse » à base de crabe royal.

De 30 à 60 € (280 à 565 NOK)

34 **Pipervika** - ***E5*** - *Rådhusbrygge 4 - 940 80 932 - www.pipervika.no - lun.-sam. 11h-22h, dim. 12h-19h (horaires d'été) - 350/600 NOK.* Ce nouveau poissonnier-restaurant bénéficie d'une vue directe sur les ferries et les chalutiers revenant de la pêche, à travers ses grandes baies vitrées. L'emplacement est plaisant et la qualité est au rendez-vous, mais les prix s'en ressentent.

12 **Lofoten** - ***D6*** - *Stranden 75 - 22 83 08 08 - www.lofoten-fiskerestaurant.no - 11h-23h, dim. 12h-22h - déj. 215/680 NOK - dîner 635/830 NOK.* Cet immense restaurant sert des poissons et crustacés très frais, à l'image des homards conservés, à l'entrée, dans un aquarium. Service soigné et grande terrasse avec vue imprenable sur le port.

11 **Louise Restaurant and Bar** - ***D6*** - *Stranden 3 - 22 83 00 60 - www.restaurantlouise.no - 11h-23h - fermé dim. - carte 445/640 NOK.* Un des plus anciens restaurants d'Aker Brygge, rénové en 2013. Le décor marin constitue un véritable petit musée. En salle ou en terrasse, on sert de copieux repas qui font la part belle aux poissons et crustacés.

13 **Tjuvholmen Sjømagasin** - ***D6*** - *Tjuvholmen Allé 14 - 23 89 77 77 - www.sjomagasinet.no - 11h30-0h, sam. 13h-0h - fermé dim. - déj. 295/355 NOK, dîner 625/815 NOK.* Ce restaurant, dont le nom signifie « magasin marin » (Sjømagasin), sur l'« île des voleurs » (Tjuvholmen), présente un intérieur spacieux et dispose, sur plusieurs niveaux, d'un salon, d'une cuisine à vue et d'une poissonnerie. Vivier à l'entrée et menu à 5 plats (770 NOK), que vous pourrez parfois déguster en admirant le fjord.

AUTOUR DE LA FORTERESSE D'AKERSHUS

Plan de quartier **p. 18-19**

Moins de 15 € (140 NOK)

35 **Vippa** - ***E7*** - *Akershusstranda 25 - 917 28 043 - www.vippa.no - merc.-sam. 12h-21h, dim. 12h-20h - moins de 100 NOK.* La nouvelle adresse branchée de la promenade littorale,

Anna Bryukhanova/iStock

Extérieur accrocheur, intérieur chaleureux et terrasse accueillante.

dans un ancien hangar au bout des quais, attire une foule animée. Une demi-douzaine de stands y proposent des cuisines de tous les horizons (tacos, chinois, indien, thaï, syrien...), à déguster sur de grandes tablées. Terrasse sur les quais. On peut se contenter d'y boire un verre.

De 15 à 30 € (140 à 280 NOK)

15 **Café Skansen** – ***E6*** - *Rådhusgata 32 - ✆ 24 20 13 11 - www.cafeskansen.no - 11h-23h, sam. 12h 23h, dim. 13h-22h - déj. 178/242 NOK - dîner à la carte 468/737 NOK.* Face à la forteresse d'Akershus, une maison jaune, à l'intérieur façon bistro ; large terrasse ombragée pour regarder le flot de passants. Parmi les spécialités : les moules.

18 **Engebret Café** – ***E6*** - *Bankplassen 1 - face au musée d'Art contemporain - ✆ 22 82 25 25 - www.engebret-cafe.no - 11h30-23h, sam. 17h-23h - fermé dim. - déj. 175/355 NOK, dîner à la carte 633/813 NOK.* Une véritable institution fondée en 1862 qui a su préserver l'atmosphère d'antan : plafond en bois sculpté, mobilier ancien... Si l'on y vient surtout pour le cadre, les mets traditionnels servis ne déméritent pas.

De 30 à 60 € (280 à 565 NOK)

14 **Celsius** – ***E6*** - *Rådhusgata 19 - ✆ 22 42 45 39 - www.kafecelsius.no - 11h-22h, vend. 11h-23h, sam. 12h-23h, dim. 12h-22h - déj. 263/296 NOK, dîner à la carte 411/533 NOK.* Sur une petite place ornée d'une fontaine, ce

café-restaurant occupe la plus vieille demeure d'Oslo (1626). Excellentes recettes d'inspiration européenne, à apprécier sur la grande terrasse en été, ou dans un cadre rustique au coin de l'imposante cheminée, en hiver.

7 **Festningen** – ***E6*** - *Myntgata 9 - ☏ 22 83 31 00 - www.festningenrestaurant.no - 11h-23h, sam. 12h-23h, dim. 12h-21h - déj. 360/420 NOK - dîner 635/725 NOK.* Situé dans la forteresse d'Akershus, le lieu était autrefois une prison. Cette brasserie actuelle, prolongée par une terrasse, ménage une jolie vue. La brigade concocte une cuisine nordique moderne sans chichis, joliment présentée et portée par des produits locaux frais. Impressionnante carte des vins, misant sur les bourgogne.

17 **Solsiden** – ***E6*** - *Akershusstranda 13 skur 34 - sur les quais, au pied d'Akershus Slott - ☏ 22 33 36 30 - www.solsiden.no - mai-sept. : 16h30-22h, dim. 16h-21h - 565/855 NOK.* Les habitants de la capitale se pressent au « côté soleil » qui propose des produits de la mer exceptionnels. Aménagé dans un ancien entrepôt, cet établissement design propose de somptueux plateaux de fruits de mer et des poissons fraichement pêchés. Belle carte de vins. Un coup de cœur !

16 **Gamle Rådhus** – ***E6*** - *Nedre Slottsgate 1 - ☏ 22 42 01 07 - www.gamleraadhus.no - 11h30-23h, sam. 17h-23h - fermé dim. - déj. 165/185 NOK - carte 535/858 NOK.* Ce restaurant élégant est installé dans l'ancien hôtel de ville, daté de 1641. Dans un cadre d'époque, on déguste une cuisine norvégienne traditionnelle.

BJØRVIKA ET EKEBERGPARKEN

***Plan de quartier** p. 18-19*

De 30 à 60 € (300 à 565 NOK)

19 **Vaaghals** – ***F6*** - *Dronning Eufemias gate 8 - ☏ 920 70 999 - www.vaaghals.com - 11h-22h, sam. 17h-22h - fermé dim. - dîner 305/630 NOK.* Situé au rez-de-chaussée de l'un des immeubles contemporains de l'ensemble Barcode, près de l'Opéra, ce restaurant actuel et lumineux est doté d'une cuisine ouverte et d'une terrasse. La carte scandinave propose notamment de la viande vieillie à sec et de nombreux plats à partager.

Plus de 60 € (565 NOK)

20 **Ekebergrestauranten** – ***G7*** - *Kongsveien 15 - Tram 18, dir. Ljabru, arrêt Sjømannskolen (puis suivre le sentier à gauche dans le sens de la montée) - ☏ 23 24 23 00 - www.ekebergrestauranten.com - 11h-0h, dim. 12h-22h - carte 604/720 NOK.* Un petit chemin, qui monte à travers bois, mène à ce restaurant, dessiné par Lars Backer. Ouvert en 1929, c'est le plus ancien bâtiment de style fonctionnaliste conservé en Norvège. Cuisine moderne à base de produits de saison.

GRØNLAND

Plan détachable

Oslo Mekaniske Verksted et **Kafé Asylet** dans « Prendre un verre » *(p. 68).*

Plus de 250 € (2800 NOK)

33 **Maaemo** – **G5** - *Schweigaardsgate 15b - au nord de la gare centrale - ✆ 22 17 99 69 - www.maaemo.no - merc.-jeu. soir seult, vend.-sam. 12h et 19h - menu 2800 NOK - réserv. longtemps à l'avance.* Ce restaurant, distingué par trois étoiles au Guide Michelin, est en totale harmonie avec la nature (son nom signifie « Terre nourricière »). Créatives et complexes, les assiettes composées par le chef danois Esben Holmboe Bang, stimulent les sens par de sublimes mélanges de saveurs ; certains plats nécessitent plusieurs jours de préparation. Cuisine en mezzanine, service parfaitement maîtrisé et plats fignolés devant vous.

GRÜNERLØKKA

Plan de quartier p. 36-37

Moins de 15 € (140 NOK)

23 **Grünerløkka Brygghus** – **G3** - *Thorvald Meyers Gate 30 - ✆ 966 22 831 - www.brygghus.no - 15h-1h, merc.-jeu. 15h-2h, vend. 15h-3h, sam. 13h-3h, dim. 13h-0h - 100/200 NOK.* Un pub chaleureux où l'on pourra déguster la production de la brasserie artisanale éponyme et une vingtaine de bières du monde. Côté cuisine, de solides plats typiques des « public houses » britanniques.

27 **Delicatessen Grünerløkka** – **G4** - *Søndre gate 8 - ✆ 22 71 45 46 - www.delicatessen.no - 11h-0h, vend. 11h-1h30, sam. 12h-1h30, dim. 12h-0h - 100/200 NOK.* Un petit coin d'Espagne à Oslo, branché et décontracté où l'on sert des tapas. Deux autres adresses à Akker Brygge et Majorstuen.

De 15 à 30 € (140 à 280 NOK)

22 **Fru Hagen** – **G3** - *Thorvald Meyers gate 40 - ✆ 454 91 904 - www.fruhagen.no - 11h-0h, vend. 11h-2h, sam. 11h-3h, dim. 12h-0h - plat 159/269 NOK.* Un café où se côtoie la population locale, autour d'un verre ou d'un repas léger (salades, sandwiches, plat du jour). Ambiance décontractée et musique live.

25 **Mathallen** – **F3** - *Vulkan 5 - ✆ 400 01 209 - www.mathallenoslo.no - 10h-20h, dim. 11h-18h - fermé lun.* Un grand marché couvert, doté de multiples petits coins restaurants proposant des spécialités d'ici... et surtout d'ailleurs.

Finn Ståle Felberg

Terrasse du Pipervika.

26 Funky Fresh Food – *F4 - Hausmanns gate 16 - www.funkyfreshfoods.no - 11h-20h, merc.-vend. 11h-22h, sam. 12h-22h, dim. 12h-20h - 130/220 NOK.* Le café du DogA (Centre de Design) propose une cuisine végétarienne inventive et colorée (salades, burger...).

24 Colonel Mustard – *F2 - Darresgate 2 - 21 95 05 00 - www.colonelmustard.no - 11h-1h, vend.-sam. 11h-3h - plat 178/225 NOK.* Le nom de ce pub fait référence à un célèbre personnage de jeu de société. Vous pourrez d'ailleurs y jouer (et à bien d'autres jeux) tout en dégustant de bons plats de brasserie au milieu d'un décor industriel réussi.

28 Villa Paradiso – *G3 - Olaf Ryes Plass 8 - 22 35 40 60 - http://villaparadiso.no - 8h-22h, merc.-vend. 8h-23h, sam. 10h-23h, dim. 10h-22h - déj. 125/194 NOK - carte 150/310 NOK.* Le décor de brasserie cosy et la terrasse avec vue imprenable sur la place principale du quartier ne sont pas les seuls atouts du lieu. Vous ne pourrez résister à ces excellentes pizzas!

De 30 à 60 € (280 à 565 NOK)

31 Smalhans – *E3 - Ullevålsveien 43 - 22 69 60 00 - www.smalhans.no - 11h-0h30, dim.-lun. 12h-22h - déj. 200/220 NOK - dîner 425/615 NOK.* Cet agréable café de quartier, de style urbain, assure un service convivial. Café et gâteaux maison sont servis le matin, une petite sélection de plats (soupes et burgers notamment) est proposée de 12h à 16h, un plat du jour chaud est disponible entre 16h et 18h, et le soir, la carte se compose de menus et d'assiettes à partager.

Plus de 60 € (565 NOK)

37 Kontrast – *F3 - Maridalsveien 15 - 21 60 01 01 - www.restaurant-kontrast.no - mar.-sam. 18h-22h - menu 950/1450 NOK - carte 555/615 NOK.* Cet établissement moderne affiche un décor épuré, un brin industriel, avec sol en béton, tuyauteries apparentes et cuisine ouverte. On y sert une cuisine distinguée par une étoile au Guide Michelin, réalisée à base de produits norvégiens bio, originale et riche en saveurs. Son apparente simplicité masque souvent une nature complexe.

À L'OUEST DU PALAIS ROYAL

Plan détachable

De 15 à 30 € (140 à 280 NOK)

30 Litteraturhuset – *D4 - Wergelandsveien 29 - 22 95 55 30 - www.litteraturhuset.no - 10h-0h30, vend.-sam. 10h-2h, dim. 12h-20h.* Le décor, soigné, est celui d'une librairie accompagnant un centre culturel aménagé dans une élégante demeure. Au menu (outre les discussions littéraires), des salades et des plats légers.

Prendre un verre

Oslo compte de nombreux lieux où faire une pause – chaleureuse en hiver, au soleil en été. Bar, cafés, lieux populaires ou branchés, décor à l'ancienne ou surprenant. Le **centre-ville** accueille tous les styles. Mais il faut parfois s'en éloigner un peu pour trouver des adresses plus « typées ». Celles d'**Aker Brygge** se prolongent en terrasses au bord de l'eau, voire sur le ponton des bateaux. Celles très conviviales de **Grünerløkka**, le quartier bohème d'Oslo, débordent sur le trottoir aux beaux jours. Quel que soit l'endroit, vous comprendrez vite que la **bière** (malgré son prix : 55-90 NOK/50 cl) et le **café** sont les deux breuvages favoris des Norvégiens. Pour consommer la première, testez les quelques micro-brasseries ou les grands pubs à l'anglaise. Pour le café, dont les locaux sont les seconds consommateurs au monde, vous bénéficierez ici de l'expérience de baristas et torréfacteurs passionnés. Sachez enfin qu'en Norvège, le terme *Café* désigne à la fois un lieu où l'on se restaure, et un lieu où l'on prend un verre (ou un café...). Nombre des adresses dans « Se restaurer » (*p. 60*) sont des *Cafés*.

Repérez les adresses sur nos plans grâce aux pastilles numérotées (ex. 1).
Les coordonnées en rouge (ex. C2) font référence au plan détachable (à l'intérieur de la couverture).

AUTOUR DE KARL JOHANS GATE

***Plan de quartier** p. 18-19*

2 Dolcevita – **E5** - *Prinsens gate 22 - 22 42 23 36 - www.oslodolcevita.com - lun.-vend. 7h-19h, sam. 10h-19h, dim. 11h-18h.* Café glacier typiquement italien, où les Norvégiens se sentent en vacances le temps d'une glace crémeuse (nombreux parfums) ou d'un expresso serré.

3 Amundsen Bryggeri and Spiseri – **E5** - *Stortingsgata 20 - 24 20 09 00 - www.amundsenbryggeri.no - 11h30-1h, vend, 11h30-2h, sam. 12h-2h, dim. 13h-0h.* Un pub à l'anglaise version Oslo, avec son long comptoir et son très large choix de bières. Une trentaine sont proposées à la pression, dont celles produites sur place. Plats de brasserie classiques, midi et soir.

4 Fuglen – **E4** - *Universitetsgaten 2 - 22 20 08 80 - www.fuglen.no - lun.-vend. 7h30-19h, w.-end 10h-18h - 500 NOK.* L'Oiseau est une adresse bien connue des habitants d'Oslo (et de Tokyo depuis qu'une annexe y a été créée). On y sert un excellent café depuis 1963. Le soir, en été, sur les trottoirs, les cocktails et bières norvégiennes de qualité prennent le relais. Le décor « vintage » (design scandinave) est en grande partie proposé à la vente.

AKER BRYGGE ET TJUVHOLMEN

***Plan de quartier** p. 18-19*

6 Paradis – **D6** - *Lille Stranden 4 - 22 83 83 00 - www.iskrembar.no -*

mar.-dim. 11h-18h. Un excellent glacier, installé au bord de l'eau, dans le quartier chic et moderne de Tjuvholmen. Parfums classiques et d'autres plus originaux. La maison possède deux autres adresses (Vulkan 5 et Lille Stranden 4).

7 **Lekter'n** – ***D6*** - *Stranden 3 - ✆ 21 52 32 31 - www.lektern.no - 11h-23h, vend.-sam. 11h-0h.* Un lieu conçu pour les touristes de passage et la jeunesse dorée. Son principal atout ? L'immense terrasse au bord de l'eau où l'on s'installe au soleil pour siroter un cocktail ou une bière (voire pour manger un burger). Et en soirée, regarder le soleil se coucher (ou pas) en se disant « que l'on est bien ici... ».

AUTOUR DE LA FORTERESSE D'AKERSHUS

Plan de quartier p. 18-19

20 **A.C. Perch's Theandel** – ***E6*** - *Kirkegata 5 - ✆ 960 97 809 - www.perchstearoom.dk - lun.-jeu. 9h-17h30, vend. 9h-18h, sam. 10h-17h.* La branche osloïte de cet établissement danois propose une excellente sélection de thés dans un décor boisé tout en raffinement. On y sert également des scones et des pâtisseries.

BJØRVIKA

Plan de quartier p. 18-19

8 **Sanguine** – ***F6*** - *Kirsten Flagstads Plass - ✆ 21 42 21 42 - www.sanguinebrasserie.no - 11h-21h, dim. 12h-20h, horaire prolongé les soirs de spectacles.* La brasserie, abritée sous l'immense verrière de l'opéra, permet de s'asseoir – pour se remettre de l'effet produit par la visite de l'incroyable édifice – et prendre un verre ou un repas (carte éclectique).

21 **Café Naustet - Salt** – ***F6*** - *Langkaia 1 - www.salted.no - 11h-23h (2h vend.-sam.).* Ce café-bar en bois flotté, posé sur les quais de la baie de Bjørvika en face de l'opéra, affiche des airs de cabane de pêcheur. L'intérieur dévoile un décor « vintage » chaleureux, mais l'on peut opter pour la terrasse par beau temps ou se délasser dans le sauna. Ce Café s'inscrit dans un complexe plus large, baptisé Salt, qui comprend divers structures inspirées des séchoirs à morue et qui abrite un gigantesque sauna ainsi que des installations artistiques d'avant-garde.

GRØNLAND

Plan détachable

9 **Kafé Asylet** – ***G5*** - *Grønland 28 - ✆ 22 17 09 39 - www.asylet.no - 11h-0h30, sam. 12h-0h30, dim. 11h-23h.* Cette auberge à l'ancienne attire du monde avec ses longues tables de bois, sa cheminée bienvenue en hiver, et son arrière-cour très populaire en été. Des plats traditionnels pourront accompagner votre bière.

10 **Kaffebrenneriet** – ***G5*** - *Grønlandsleiret 32 - ✆ 952 62 684 - http://kaffebrenneriet.no - 7h-19h, w.-end 9h-18h.* Cette petite chaîne locale de cafés a pris ses quartiers dans une ancienne caserne de pompiers de la très cosmopolite Grønland. Décor de briques et de bois.

Olaf Ryes Plass, un lieu de rendez-vous dans le quartier Grünerløkka.
P. E. Forsberg/age fotostock

KONTRASTÉ
Kaffebrenneriet

11 **Oslo Mekaniske Verksted** – **G5** - *Tøyenbekken 34 - 452 37 534 - www.oslomekaniskeverksted.no - 15h-2h, w.-end 13h-2h.* Derrière ce nom à rallonge difficile à prononcer se cache l'ancienne vocation de cet endroit pas comme les autres : une usine de machines-outils. La brique domine, tandis que la cheminée, les canapés profonds et les bibliothèques apportent de la chaleur. La terrasse et ses jardinières invitent à s'attarder les longues soirées d'été. Les gens du quartier, un public très varié, s'y pressent. On apprécie le coût modéré de la bière, à accompagner de snacks achetés dans les restaurants voisins. Un lieu convivial, sans prétention, et où l'on fait la fête le vendredi soir.

GRÜNERLØKKA

***Plan de quartier* p. 36-37**

5 **Underwater Pub** – **E3** - *Dalsbergstien 4C - 22 46 05 26 - www.underwaterpub.no - 16h-1h, mar.-sam. 16h-3h.* Ce pub est dédié à... l'opéra ! Dans un décor de la fin du 19e s., doté d'une cheminée chaleureuse et d'un décor subaquatique rafraîchissant, des sopranos en herbe se produisent tous les mardis et jeudis soir.

12 **Tim Wendelboe** – **F3** - *Grüners Gate 1 - 400 04 062 - www.timwendelboe.no - lun.-vend. 8h30-18h, w.-end 11h-17h.* Tenue par un torréfacteur aussi célèbre que primé, cette adresse, à la fois boutique et lieu de dégustation, comblera les vrais amateurs de café. La machine à torréfier trône au centre d'un espace agréable. Laissez-vous guider par les conseils du barista.

14 **Supreme Roastworks** – **G2** - *Thorvald Meyers Gate 18 - 22 71 42 02 - www.srw.no - 7h-17h, w.-end 10h-17h.* C'est décidément à Grünerløkka que les amateurs de café convergent. À quelques pas de Tim Wendelboe, le patron (vainqueur de la coupe du monde 2015 de la spécialité) torréfie ici aussi les précieux grains, pour créer de suprêmes breuvages. Belle sélection de préparations, à accompagner de viennoiseries.

13 **Godt Brød** – **G3** - *Thorvald Meyers Gate 49 - 23 22 90 40 - www.godtbrod.no - 6h-18h, w.-end 7h30-18h.* Depuis 1995, cette boulangerie régale les habitants de Grünerløkka avec ses pains et viennoiseries bios (délicieuses brioches roulées à la cannelle). À déguster, ainsi que sandwiches, jus de fruits ou café, dans un parc voisin, ou sur place.

15 **Schouskjelleren Mikrobryggeri** – **G4** - *Trondheimsveien 2 - 21 38 39 30 - http://schouskjelleren.no - 16h-1h, merc.-jeu. 16h-2h, vend.-sam. 16h-3h30, dim. 16h-0h.* Cette micro-brasserie ouvre sur une terrasse bondée aux beaux jours.

N'oubliez pas les bars et cafés branchés et conviviaux de **Vulkan** (*p. 38*).

22 **Fyrhuset Kuba** – **F3** - *Maridalsveien 19 - 960 97 809 - de 12h/14h à 1h/3h.* Installé dans une jolie maison ocre, avec terrasse, ce bar chaleureux et décontracté sert des bières à prix d'ami. Sets de DJ très animés certains soirs.

23 **Syng** – **F4** - *Nedre Gate 7 - 415 25 050 - www.syng.no - lun.-jeu. 14h-1h, vend. 8h30-18h, w.-end 11h-17h.* La décoration intérieure

(couleurs vives mêlant skaï, bois et briques), d'un kitsch assumé, de ce bar trés animé compose l'écrin idéal pour un karaoké. Les jours de soleil, difficile de résister à sa terrasse en bord de rivière, l'une des plus courues du quartier. Également une adresse Arbeidersamfunnets plass 1.

24 **Bortenfor** – ***F4*** - *Brenneriveien 7 - ✆ 922 66 683 - mar.-jeu. 18h-1h, vend.-sam. 18h-3h - fermé dim.-lun.* Une entrée discrète sur rue, mais une terrasse au bord de l'eau au charme romantique. À l'intérieur, l'on sert d'excellents cocktails dans un décor contemporain stylisé (béton, skaï et plantes vertes). Ambiance chaleureuse et sophistiquée. Concerts le soir.

william87/iStock
Quartier de Bjørvika.

À L'OUEST DU PALAIS ROYAL

Plan détachable

18 **Oslo Mikrobryggeri** – ***D3*** - *Bogstadveien 6 - entrée par rue Holtegata - ✆ 22 56 97 76 - 15h-1h, vend. 15h-2h30, sam. 13h-2h30.* Une brasserie qui fabrique sa propre bière – en petites quantités – dans un coin du local. Les cuves trônent derrière une vitrine. Pas de carte, juste de quoi picorer...

16 **Frognerparken Café (Herregårdskroen)** – ***C3*** - *Frognerveien 57 - ✆ 22 43 77 30 - www.herregaardskroen.no - 12h-23h, dim. 13h-22h.* Le café du manoir de Frogner vaut pour sa vaste terrasse où l'on fait une pause lors de la visite du parc.

17 **Pascal** – ***C4*** - *Bygdøy Allé 56 - ✆ 22 55 92 92 - http://pascal.no - lun.-vend. 10h-17h, sam. 9h30-15h30 - fermé dim.* Le prénom du Français Pascal Dupuy est synonyme à Oslo d'excellentes pâtisseries et autres douceurs. À déguster en mezzanine, accompagnées d'un café.

Shopping

La longue rue piétonne **Karl Johans gate** (et ses abords) regorge de commerces en tout genre. Vous y trouverez des grands magasins, des disquaires, des boutiques de mode et de souvenirs. Le week-end, une foule impressionnante de jeunes s'y presse.
Dans le quartier d'**Aker Brygge**, les anciens entrepôts ont été transformés en centre commercial où s'alignent les enseignes internationales.
Grünerløkka est investi par de jeunes créateurs qui y vendent des bijoux, des fripes et de l'artisanat. De beaux marchés s'y tiennent aussi.
Quartier cosmopolite, **Grønland** assure le dépaysement. De nombreux marchands de produits exotiques et de tissus bon marché se sont installés le long des rues Grønland et Smalgangen.
Enfin, dans les beaux quartiers **Majorstua/Frogner** qui s'étendent du Palais royal au parc Vigeland, les élégantes maisons côtoient des boutiques haut de gamme.
En été, les samedis et dimanches, un **marché fermier** se tient en alternance à Valkyrie plass (Majorstuen), Grünerløkka, Aker Brygge et Youngstorget (agenda sur bondensmarked.no).
N'oubliez pas les boutiques des musées : objets design au musée des Arts appliqués, artisanat au musée du Folklore norvégien, etc. Pour des achats de dernière minute, pensez au supermarché Rimi de la gare centrale *(lun.-sam. 5h-1h, dim. 7h-0h).*

Repérez les adresses sur nos plans grâce aux pastilles numérotées (ex. 1). Les coordonnées en rouge (ex. C2) font référence au plan détachable (à l'intérieur de la couverture).

AUTOUR DE KARL JOHANS GATE

Plan de quartier p. 18-19

Gastronomie

1 **Fenaknoken** – ***E5*** - *Tordenskiolds Gate 12 - 22 42 34 57 - www.fenaknoken.no - 10h-17h, sam. 10h-16h - fermé dim.* Pains, fromages et charcuterie de renne pour un sandwich, confitures... À mettre dans vos bagages pour déguster au retour entre amis.

2 **Freia** – ***E5*** - *Karl Johans gate 31 - 22 42 31 16 - 10h-18h, sam. 10h-16h - ferme dim.* Jolie boutique de la (localement) célèbre marque norvégienne de chocolat Freia.

Librairie, musique

3 **Norli** – ***E5*** - *Universitetsgata 22 - 22 00 43 00 - www.norli.no/- 9h-19h, sam. 10h-18h - fermé dim.* L'une des bonnes librairies de la ville.

4 **Råkk and Rålls** – ***E5*** - *Stortingsgata 8 - 22 41 17 01 - www.facebook.com/RockRolls-261447700674489/- tlj sf dim. 10h-18h.* Des disques, de tous les formats et de tous les styles de musique, mais aussi des DVD, des jeux et des produits dérivés. Voici la boutique de disques de seconde

> **Ils sont partout**
> *Les enseignes de la chaîne de minimarchés (ouverts tard le soir)* ***Narvesen*** *sont indissociables des paysages urbains norvégiens. Fondé en 1894 comme maison de presse par B. N. L. Narvesen (1860-1939), la compagnie compte désormais près de 400 magasins à travers le pays. On y trouve toujours la presse locale et internationale, mais aussi de l'alimentation, des objets d'utilité quotidienne, une billetterie, des confiseries (beaucoup de confiseries...) et des snacks. Tout comme les « convenient stores » américains et les « conbini » japonais (ouverts 24h/24), les Narvesen satisfont le besoin permanent en ravitaillement facile.*

main la mieux achalandée de Scandinavie. Personnel passionné et collectionneurs aux anges.

Grands magasins

5 Glas Magasinet – **F5** - *Stortorvet 9 - ✆ 23 08 08 10 - www.glasmagasinet.no - 10h-19h, sam. 10h-18h - fermé dim.* Le grand magasin généraliste. Une institution !

6 Paleet – **E5** - *Karl Johans Gate 37 - ✆ 23 08 08 11 - www.paleet.no - 10h-20h, sam. 10h-18h - fermé dim.* Superbement rénové en 2014 (bois, lumière, coupole), ce temple du design et de la mode regroupe une quarantaine d'enseignes.

Mode, design et accessoires

9 F5 Concept Store – **F6** - *Prinsens Gate 6 - ✆ 941 19 317 - www.f5conceptstore.com - 10h-17h - fermé dim.* Le concept ? Un espace dédié à la mode et au design 100 % norvégiens. Les accessoires et les vêtements sont, pour la plupart, artisanaux et produits en quantité limitée. On y trouvera notamment la marque de « streetwear »homme Graa.

☺ **10 T-Michael and Norwegian Rain** – **F5** - *Kirkegata 20 - ✆ 996 03 411 - http://norwegianrain.com - 10h-18h, sam. 10h-17h - fermé dim.* Dans cette boutique aménagée dans une ancienne poste, des vêtements, chaussures et accessoires mondialement réputés pour leur résistance aux éléments. Les créateurs, originaires de la pluvieuse Bergen, ont imaginé des vêtements pour hommes « techniques », confortables, chics et modernes.

11 Oleana – **E5** - *Stortingsgata 8 - ✆ 22 33 31 63 - www.oleana.no - 10h-18h, sam. 10h-16h - fermé dim.* Depuis 1995, Oleana imagine et produit en Norvège des vêtements modernes, inspirés du folklore et des paysages locaux. Une marque réputée et qui s'exporte bien.

23 Norway Designs – **E5** - *Stortingsgata 28 - ✆ 23 11 45 10 - www.norwaydesigns.no - lun., merc., vend. 10h-18h, jeu. 10h-19h, sam. 10h-16h - fermé dim.* Une boutique de design intérieur nordique reconnue (céramique, verre, ustensiles de cuisine, argenterie, tissus, etc.).

37 Hevn – **F4** - *Torggata 36 - ✆ 400 62 430 - http://hevn.no - lun.-vend. 11h-19h, sam. 11h-18h.* Ce designer d'avant-garde, haut de gamme, a ouvert sa première boutique femme/homme en 2014. Le noir est à l'honneur.

Folklore

12 Heimen Husfliden - **E5** - *Rosenkrantz Gate 8 - ✆ 23 21 42 00 - www.heimenhusfliden.no - 10h-18h, sam. 10h-16h - fermé dim.* Vêtements et accessoires traditionnels et folkloriques.

Sport, voyage

Rue **Storgata**, les boutiques XXL, Sport 1 et Stormberg proposent un grand choix d'équipement sport à prix abordable.

24 Fjäll Raven - **F5** - *Karl Johans Gate 19 - ✆ 908 93 230 - www.fjallraven.com - lun.-vend. 10h-19h, sam. 10h-18h.* On ne présente plus la marque suédoise au logo en forme de renard, spécialisée dans les sacs et l'équipement pour la randonnée.

Photo

25 Scandinavian photo - **F5** - *Møllergata 4 - ✆ 21 65 98 40 - www.scandinavianphoto.no - lun.-sam. 10h-18h - fermé dim.* Que l'on soit argentique ou numérique, une excellente adresse pour les amateurs et les professionnels.

26 Oslo Foto - **F5** - *Stortorvet 10 - ✆ 22 33 55 22 - www.oslofoto.as - lun.-vend. 9h-18h, sam. 10h-16h - fermé dim.* Juste à côté, l'autre adresse de référence des photographes.

Disques vinyl

27 Platebutikken Big Dipper - **F5** - *Møllergata 11 - ✆ 22 20 14 41 - www.bigdipper.no - lun.-vend. 10h-18h, sam. 10h-17h.* Qu'on se le dise, le vinyl est de retour ! À preuve le nombre de nouveautés et de rééditions que l'on trouve dans cette boutique, aux côtés d'exemplaires « vintage ».

AKER BRYGGE

***Plan de quartier** p. 18-19*

Design

13 House of Oslo - **D5** - *Ruseløkkveien 26 - ✆ 23 23 85 60 - www.houseofoslo.no - 10h-20h, sam. 10h-18h - fermé dim.* Grand centre de design d'intérieur, derrière Aker Brygge.

Crevettes !

14 Indre Oslofjord Fiskerlag - **E6** - *Rådhusbrygge 3 - ✆ 22 42 02 75 - tlj sf dim. à partir de 7h.* Pour ceux qui sont en location, poissons et surtout crevettes à acheter directement aux pêcheurs, à l'arrière du bateau.

GRÜNERLØKKA

***Plan de quartier** p. 36-37*

Marchés

15 Birkelunden Marked - **G3** - *Birkelunden - ✆ 938 51 781 - dim. 12h-19h.* Ce parc-place rectangulaire, au nord du quartier de Grünerløkka, accueille chaque dimanche un marché aux puces très fréquenté.

16 Søndagsmarkedet på Blå - **F4** - *Brenneriveien 9 - dim. 12h-17h.* Autour du complexe culturel Blå, un marché d'artisanat de créateurs(céramique, peintures, jouets), très coloré, et de vêtements/accessoires de seconde main.

Vous trouverez des produits locaux (poissons, fromages, confitures,...) au **Mathallen** (*p. 65*).

Mode, vintage

Grünerløkka est le royaume des boutiques « vintage », en particulier aux abords de la rue Marksveien.

17 Robot – **G4** - *Korsgata 22 - ✆ 22 71 99 00 - www.facebook.com/robotoslo/- lun.-vend. 11h-18h, sam. 11h-17h30, dim. 13h-16h30.* Robot, à l'enseigne originale, fait partie des boutiques « vintage » historiques du quartier. Quels que soient votre âge, votre sexe ou votre style, vêtements et accessoires vous y attendent.

18 Velouria Vintage – **G3** - *Thorvald Meyers Gate 34 - ✆ 909 75 191 - www.velouriavintage.no - lun.-vend. 11h-19h, sam. 11h-18h, dim. 12h-18h.* Velouria est un tube des Pixies et un personnage de jeu vidéo. Mais, à Oslo, c'est aussi une boutique « vintage » inspirée. Chic, strict, fun ou décalé, des 60's aux 90's, le choix est vaste et de qualité. Les femmes et les jeunes filles en quête d'un look original y trouveront leur bonheur.

38 Marita Brukthandel – **G4** - *Markveien 67 - ✆ 22 38 19 20 - http://marita.no - 11h-17h - fermé dim.* On trouve de tout, le pire comme le meilleur, dans cette boutique connue de tous les Osloïtes.

28 Hunting Lodge – **G4** - *Markveien 58 - www.huntinglodge.no - lun.-vend. 12h-18h, sam. 11h-17h, dim. 13h-16h.* Une boutique indépendante avec sélection pointue de vêtements sport et « streetwear » pour hommes.

Anna Bryukhanova/iStock

À Oslo, les Galeries Lafayette se nomment GlasMagasinet.

29 Acne Archives – **G4** - *Markveien 60 - entrée par Søndre Gate - ✆ 22 60 93 00 - www.acnestudios.com - lun.-vend. 11h-19h, sam. 11h-18h.* La marque suédoise la plus tendance du moment n'est pas à la portée de toutes les bourses.

30 Luck – **G3** - *Grüners Gate 9 - ✆ 22 38 07 77 - www.luckoslo.com/- lun.-vend. 10h-19h.* Céramiques, chaises en carbone, vêtements chers et stylés, la boutique présente ses produits au milieu de cactus. Barbus bienvenus. Salon de coiffure hype dans un coin.

31 Ask Embla – **G4** - *Markveien 56 - ✆ 958 82 840 - www.facebook.com/AskEmbla-215964418417799/- lun.-sam. 11h-17h (jeu.-vend. 11h-18h).*

Un bon choix de marques scandinaves pour femme et homme.

32 **Insomnia** - **G3** - *Thorvald Meyers Gate 50 - ✆ 23 23 02 72 - www.insomniashop.no - lun.-vend. 11h-18h, sam. 11h-17h, dim. 13h-17h.* Une sélection chic et bohême de mode masculine, issue de divers horizons (Scandinavie, France, Italie, Angleterre).

Design, cadeaux

19 **Liebling** - **F2** - *Øvrefoss 4 - ✆ 24 02 23 02 - www.liebling.no - lun. 8h-18h, mar.-merc. 8h-20h, jeu. 8h-23h, vend. 9h-23h, w.-end 10h-20h.* À la fois café et boutique d'objets ou de cadeaux originaux. Si vous ne repartez pas avec une lampe-champignon ou un vieux jeu de société en bois, testez leur fameux plateau-lunch berlinois.

Sport, voyage

33 **Chillout travel store** - **G4** - *Markveien 55 - ✆ 22 35 42 00 - www.chillout.no - lun.-vend. 10h-19h, sam. 10h-18h, dim. 12h-18h (autre boutique à Bogstadveien 41 - fermé dim.).* Une formidable sélection d'équipements de voyage pour tous les climats (sacs, vêtements, gadgets...).

Enfants

34 **Leker Og Mer** - **G4** - *Korsgata 22 - ✆ 915 43 812 - www.lekerogmer.no - lun.-sam. 12h-17h.* Jouets et vêtements de qualité pour enfants.

35 **Sprell** - **G4** - *Korsgata 24 - ✆ 23 22 22 22 - www.sprell.no - lun.-vend. 10h-18h, sam. 10h-17h.* Une quantité de jouets en bois ou autre, pour enfants.

GRØNLAND

Plan détachable

Vintage

36 **Botanisk Hage Møbelforretning** - **G5** - *Motzfeldts Gate 28 - ✆ 926 02 449 - www.facebook.com/bhmobler/- sam. 12h-16h.* Cet antiquaire de quartier spécialisé dans le mobilier scandinave vaut le détour.

À L'OUEST DU PALAIS ROYAL

Plan détachable

Les boutiques de modes bordent l'axe **Hedgehaugsveien/Bogstadveien** qui relie le Palais royal à Majorstuen.

Design

20 **Pur Norsk** - **D3** - *Industrigata 36 - ✆ 22 46 40 45 - www.purnorsk.no - 10h-18h, sam. 10h-19h, dim. 10h-16h.* Design 100 % norvégien dans une caverne d'Ali Baba unanimement saluée.

Fripes

21 **Fretex Majorstua** - **D2** - *Kirkeveien 62A - ✆ 22 69 20 19 - www.fretex.no - 10h-17h, sam. 10h-16h - fermé dim.* Tous les Norvégiens connaissent cette chaîne gérée par l'Armée du Salut. Vêtements seconde main, accessoires.

Mode

22 **Epilogue** - **D4** - *Parkveien 25 - ✆ 400 67 342 - www.epiloguebyevaemanuelsen.com - lun.-vend. 11h-18h, jeu. 11h-19h, sam. 10h-17h - fermé dim.* Belle boutique à deux pas du Palais royal, où sont présentées les collections de la créatrice Eva Emanuelsen. Prêt-à-porter minimaliste, classique ou novateur.

Sortir

Très longues en hiver et fort courtes en été, les nuits d'Oslo sont très animées. Les vendredis et samedis sont les plus vivants. Mais en été, on prolonge souvent la fête les jeudis, voire les dimanches.
Selon les quartiers, vous trouverez une ambiance différente. Dans le **centre** abondent les discothèques, pubs et salles de concerts, de la petite salle alternative au vaste Spektrum. En déambulant aux abords de **Karl Johans gate** et autour de **Youngstorget**, vous trouverez nécessairement un lieu où faire la fête. Pour côtoyer l'avant-garde d'Oslo, rejoignez **Grünerløkka**. Ses rues accueillent une population festive qui se retrouve dans des cafés branchés débordant largement sur les trottoirs aux beaux jours. Le long de l'Akerselva, vous dénicherez des lieux insolites, cachés parmi les arbres, où se rencontrent les jeunes dans une ambiance intimiste.
A noter : l'entrée en discothèque est souvent soumise à un âge limite qui varie selon le lieu (20, 25 ans, etc.). Pour connaître l'actualité des sorties, consultez la programmation mensuelle dans la publication *What's on Oslo* (ou www.whatsonoslo.no) et www.visitoslo.com.

Repérez les adresses sur nos plans grâce aux pastilles numérotées (ex. 1).
Les coordonnées en rouge (ex. C2) font référence au plan détachable (à l'intérieur de la couverture).

AUTOUR DE KARL JOHANS GATE

***Plan de quartier** p. 18-19*

Musique classique

1 **Oslo Konserthus** – **E5** - *Munkedamsveien 14 - 23 11 31 00 - www.oslokonserthus.no.* Ce haut lieu de la vie musicale norvégienne est la scène officielle de l'Orchestre Philharmonique d'Oslo. Des formations internationales s'y produisent régulièrement.

Cinéma

3 **Vika Kino** – **D5** - *Ruseløkkveien 14 - 994 32 000 - www.nfkino.no/oslo.* Un cinéma à taille humaine (quatre salles assez modestes) qui programme aussi bien des productions hollywoodiennes que des films indés ou locaux à découvrir. Décor de style nordique très agréable.

Clubs (rock, jazz, électro)

4 **Herr Nilsen** – **E5** - *5 C J Hambros Plass - 22 33 54 05 - www.herrnilsen.no - 14h-3h.* Cet élégant café-pub attire les amateurs de jazz et de blues – programme des concerts sur le site Internet.

5 **Café Mono** – **F5** - *Pløens Gate 4 - 22 41 41 66 - www.cafemono.no - 16h-3h.* Au cœur de Youngstorget, le quartier avant-gardiste, jeune et « alternatif », cette petite salle accueille des groupes de musique indie, tous les soirs ou presque depuis 1991. On y débat aussi, et on s'y restaure fort bien.

6 Rockefeller Music Hall – **F4** - *Torggata 16 - 22 20 32 32 - www.rockefeller.no - 20h-3h30 (selon l'événement).* Un endroit à la fois dynamique et éclectique. Le Rockfeller est l'une des plus importantes scènes norvégiennes, où se produisent des groupes nationaux et internationaux. Il comprend plusieurs salles de concert, mais aussi un club et un cinéma.

7 The Villa – **F5** - *Møllergata 23 - 932 55 745 - www.thevilla.no - vend.-sam. 23h-3h.* Ce lieu discret, vu de la rue, est l'un des clubs phares de la scène électro en Europe. Deux salles aux plafonds bas où peuvent se déchaîner 600 danseurs, un bar. Et aux platines des DJ's locaux et internationaux.

8 Jaeger – **F5** - *Grensen 9 - http://jaegeroslo.no - 14h-3h30.* Un bar-café qui, le soir, se transforme en club avec DJ's aux platines et soirées à thème.

9 Kniven – **F4** - *Bernt Ankers Gate 5 - www.knivenbar.no - 18h-3h30, vend.-sam. 16h-3h30.* La Scandinavie est une terre métallifère. Entendez une région où le rock métal, dur, compte ses plus grands fans. Parmi les bars-clubs d'Oslo dédiés à ce style de musique, Kniven n'est ni le plus extrême ni le plus sage.

Grande salle

10 Spektrum – **F5** - *Sonja Henies Plass 2 - 815 11 211 - www.oslospektrum.no - billetterie : lun.-vend. 10h-16h30.* Ouverte en 1990, cette salle de spectacles, abritée dans un vaste édifice circulaire, fut longtemps LA salle d'Oslo (le Bercy local). Malgré la concurrence des salles gigantesques Telenor Arena (telenorarena.no) et Vallhall Arena (www.vallhall.no) situées en périphérie, Spektrum demeure un phare événementiel, accueillant des rencontres sportives et des concerts.

Café-concert

17 Skaugum – **D5** - *Solligata 2 - 23 13 11 40 - www.palacegrill.no - jeu.-sam. 21h-3h.* Une arrière-cour verticale au décor kitsch, où une population hétéroclite vient écouter de la musique (parfois des concerts), danser, débattre.

Pub sportif

11 Bohemen – **E5** - *Arbeidergata 2 - 22 41 62 66 - www.bohemen.no - 14h-0h30, vend. 14h-2h, sam. 13h-2h, dim. 14h-23h30 (ou plus tard, selon les retransmissions des matchs).* Incontournable pour les amateurs de foot qui se sentiront chez eux dans ce pub dont le moindre centimètre carré est rempli de trophées. Vous viendrez ici boire une bière et surtout suivre sur de multiples écrans les rencontres. Afin de ne pas commettre d'impair, sachez que Bohemen est l'antre des supporters de Vålerenga Oslo.

AUTOUR DE LA FORTERESSE D'AKERSHUS

***Plan de quartier* p. 18-19**

Musique classique

2 Gamle Logen – **E6** - *Grev Wedels Plass 2 - 22 33 44 70 - www.gamlelogen.no.* Une jolie salle du 19e s. où Edvard Grieg donna de nombreux concerts. On y joue notamment de la musique de chambre.

Blå : une ancienne usine au bord de l'Akerselva reconvertie en lieu culturel (graffiti dessinés par Flu Hartberg).

BYEN ER VÅR

BJØRVIKA

***Plan de quartier** p. 18-19*

Opéra

12 Opéra de Norvège - **F6** - *Kirsten Flagstads Plass 1 - 21 42 21 21 - www.operaen.no.* L'Opéra de Norvège n'est pas qu'un formidable édifice. Ses trois salles - et même son toit - accueillent une riche programmation : opéra, ballets, théâtre.

GRÛNERLØKKA

***Plan de quartier** p. 36-37*

Clubs (rock, jazz, éléctro)

14 Parkteatret Scene - **G3** - *Plass 11 - Olaf Reyes plass 11 - 22 35 63 00 - http://parkteatret.no.* Au cœur du quartier, cet ancien cinéma devenue salle de concert vaut pour sa programmation musicale variée. En longeant les berges, vous aurez d'autres surprises. Ainsi le très décalé Blå à l'ambiance survoltée :

15 Blå - **F4** - *Brenneriveien 9 - www.blaaoslo.no.* Un complexe artistique aussi dynamique que coloré ! L'ancienne usine textile qui l'abrite au bord de la rivière Akerselva, a été couverte de graffitis et transformée en café (belle terrasse au bord de l'eau), salle de concert et galerie d'art. Tous les genres musicaux sont représentés (du jazz au rock en passant par l'électro) et produits par des artistes locaux et internationaux souvent renommés. Un endroit unique dont l'ambiance décalée a fait la réputation bien au-delà du fjord d'Oslo.

Danse

16 Dansens Hus - **F4** - *Vulkan 1 - 23 70 94 25 - www.dansenshus.com - 11h-20h, jeu.-sam. 11h-21h, dim. 11h-18h - fermé lun.* Logée au sein du quartier réhabilité de Vulkan, la Maison de la Danse présente des spectacles de styles variés. La scène contemporaine est néanmoins la mieux représentée.

À L'OUEST DU PALAIS ROYAL

Plan détachable

Cinéma

18 Colosseum - **C2** - *Fridtjof Nansens Vei 6 - 994 32 000 - www.nfkino.no/oslo.* Dans le quartier de Majorstuen, impossible de manquer son énorme dôme ! Dès son inauguration en 1921, il devint le plus grand cinéma scandinave et l'un des plus beaux d'Europe. Sa grande salle (1200 places) est souvent le théâtre d'avant-premières courues.

Se loger

Il existe un bon choix d'hôtels, tant parmi les établissements indépendants que parmi ceux, très nombreux, faisant partie de chaînes hôtelières. Bonne nouvelle, un très copieux petit-déjeuner, presque toujours en buffet, est inclus dans le prix de la chambre (*« Hébergement », p. 88).* Possibilité de **réserver en ligne** sur le site de l'office de tourisme d'Oslo : **www.visitoslo.com**. Consultez aussi les sites des **chaînes hôtelières** pour profiter, très à l'avance ou en dernière minute, de tarifs promotionnels : www.thonhotels.com, www.scandic hotels.com, www.radissonblu.com.

Repérez les adresses sur le plan détachable (à l'intérieur de la couverture) grâce aux pastilles numérotées (ex. 1).
Les coordonnées en rouge (ex. C2) font référence à ce même plan.

AUTOUR DE KARL JOHANS GATE

Moins de 150 € (1 410 NOK)

1 **Smarthotel** – **E4** - *St Olavs gate 26 - 415 36 500 - www.smarthotel.no - - 257 ch. 835/1 200 NOK - 125 NOK.* Un hôtel design confortable et bien situé, où tout se fait par carte de crédit. Accueil aimable, chambres minuscules, mais bien conçues, et buffet copieux le matin.

2 **Comfort Hotel Xpress Youngstorget** – **F4** - *Møllergata 26 - 22 03 11 00 - www.nordicchoicehotels.no - - 172 ch. 1129/1400 NOK.* Un service et une déco volontairement minimalistes (mais de qualité) pour assurer des tarifs doux.

3 **Citybox** – **F5** - *Prinsens Gate 6 - 21 42 04 80 - http://citybox.no - 250 NOK/j - - 47 ch. 700/1500 NOK* - . La réception ? Des bornes automatiques. Les chambres ? Petites mais modernes et bien conçues, avec le wifi gratuit. L'absence de télévision dans les chambres (il y en a une dans le lobby) et de petit-déjeuner permet d'offrir des tarifs bas. Une adresse fonctionnelle et bon marché en plein centre-ville.

4 **Thon Hotel Spectrum** – **F5** - *Brugata 7 - 23 36 27 00 - www.thonhotels.no - - 187 ch. 1 545/2 895 NOK* - . Grand hôtel de chaîne, moderne, confortable et complètement rénové en 2017, à deux pas de la gare.

5 **Hotell Bondeheimen** – **E5** - *Rosenkrantzgate 8 - 23 21 41 00 - www.bondeheimen.com - - 40 ch. 1 635/2 095 NOK* - . Voici sans doute la meilleure option dans cette catégorie. Un bâtiment historique (1913), un décor moderne typiquement scandinave et une situation très centrale. Préférez une chambre à l'arrière, pour plus de calme...

6 **Clarion Collection Hotel Savoy** – **E4** - *Universitetsgata 11 - 23 35 42 00 - www.clarionhotel.com - - 93 ch. 1 350/2 980 NOK* - .

Tout près de l'université. Cette grande demeure ancienne, peinte en rose, abrite un hôtel de standing à la fois sobre et accueillant, décoré dans le style ancien.

De 150 à 200 € (1 410 à 1 880 NOK)

8 **Thon Hotel Bristol** – **E5** - *Kristian IV's gate - 22 82 60 00 - www.thonhotels.no/bristol - P 400 NOK - - 251 ch. 1295/3 095 NOK - .* Cet hôtel haut de gamme s'apparente à un véritable palace. Le hall, rythmé de colonnes, dessert des chambres et des appartements. Le restaurant propose une cuisine savoureuse et le petit-déjeuner est tout simplement exceptionnel. Les prix baissent considérablement en été.

Plus de 200 € (1 880 NOK)

7 **Grand Hotel** – **E5** - *Karl Johans gate 31 - 23 21 20 00 - www.grand.no - P 400 NOK - - 283 ch. 2 300/4 300 NOK - 195 NOK - .* Un hôtel de luxe historique (il fut bâti en 1874), rénové en 2016-2017, idéalement situé et décoré avec goût. Préférez les chambres côté boulevard pour leur cachet. Les prix varient selon la période.

9 **Continental** – **E5** - *Stortingsgaten 24-26 - en face du Théâtre national - 22 82 40 00 - www.hotelcontinental.no - P 495 NOK - - fermé 24 -31 déc. - 153 ch. 2 995/4 730 NOK - .* Probablement le meilleur hôtel de la ville, où se croisent des célébrités internationales, et complètement rénové en 2018. Les couloirs, luxueusement décorés, desservent des chambres de caractère et de taille variable.

TJUVHOLMEN

Plus de 200 € (1 880 NOK)

10 **The Thief** – **D6** - *Landgangen 1 - Tjuvholmen - 24 00 40 00 - http://thethief.com - P 450 NOK - - 116 ch. 3 490/5 000 NOK - .* Ouvert lors de l'hiver 2013, les pieds dans l'eau tout au bout de l'extension d'Aker Brygge, voici un hôtel design scandinave version luxe. Gigantesque, innovant, extrêmement confortable et furieusement tendance !

AUTOUR DE LA FORTERESSE D'AKERSHUS

Moins de 150 € (1 410 NOK)

11 **Thon Hotel Panorama** – **F6** - *Rådhusgaten 7b - 23 31 08 00 - www.thonhotels.no - P 295 NOK - - 118 ch. 1272/1781 NOK .* Ne soyez pas rebutés par l'austère tour, dissimulée derrière une façade ancienne, qui abrite l'hôtel. Les chambres modernes, au parquet et couleurs typiquement scandinaves, sont vastes et confortables. Préférez les étages supérieurs pour profiter d'une vue sur le port.

12 **First Hotel Grims Grenka** – **E6** - *Kongens gate 5 - 23 10 72 00 - www.firsthotels.no - - 65 ch. 1850/2 870 NOK - .* Cet hôtel situé près du port et de la forteresse propose un très bon niveau de confort et des chambres aux décors colorés inspirés.

GRÛNERLØKKA

Moins de 150 € (1 410 NOK)

13 PS : Hotell – **F3** - *Vulkan 22 - 23 15 65 00 - www.pshotell.no - - 31 ch. 1 200/1 500 NOK -* . Situé à Vulkan, nouveau lieu à la mode en bordure de rivière, cet hôtel abrite des chambres contemporaines et chaleureuses. Une bonne note pour les aménagements destinés aux personnes à mobilité réduite.

14 Scandic Vulkan – **F3** - *Maridalsveien 13 - 21 05 71 00 - www.scandichotels.no - 270 NOK - - 149 ch. 1099/1 899 NOK - paiement par CB uniquement -* . Voisin du PS : Hotell, cet établissement de la chaîne Scandic est une belle démonstration d'esthétique norvégienne : une déco façon loft, des couleurs stimulantes ou reposantes, des équipements bien pensés, un design remarquable.

À L'OUEST DU PALAIS ROYAL

Moins de 150 € (1 410 NOK)

15 Ellingsen's Pensjonnat – **D3** - *Holtegata 25 - 22 60 03 59 - www.ellingsenspensjonat.no - - 24 ch. et 3 studios avec ou sans sdb - 1 050/1 300 NOK - 95 NOK*. Aménagée dans une grande maison d'un quartier huppé de la capitale, cette pension propose des chambres confortables et lumineuses. Les chaleureuses parties communes (salon, terrasse, jardin) permettent à la clientèle de sympathiser.

16 Cochs Pensjonat – **D4** - *Parkveien 25 - 23 33 24 00 - www.cochspensjonat.no - - - 89 ch. 770/960 NOK.* Voici une bonne adresse, chaleureuse et conviviale, donnant (presque) sur le parc du Palais royal. Les tarifs des chambres, impeccables, varient selon l'équipement (avec ou sans salle de bains).

De 150 à 200 € (1 410 à 1 880 NOK)

17 Saga Hotel Oslo – **D3** - *Eilert Sundts Gate 39 - 22 55 44 90 - www.sagahoteloslo.no - - 47 ch. 850/1 562 NOK -* . Calme et confort assurés dans cet hôtel aux tons chauds, rénové en 2011 et situé dans un agréable quartier résidentiel (à 15mn à pied du centre).

18 Frogner House – **C4** - *Bygdøy Allé 53 - 930 10 009 - www.frognerhouse.no - - 66 appart. et studios 824/1 787 NOK - 159 NOK -* . Hôtel situé dans un quartier paisible et cossu (à 15mn à pied du centre). Le bâtiment ancien (rénové récemment) est décoré avec goût. Les chambres sont spacieuses, bien équipées et lumineuses.

HOLMENKOLLEN

Moins de 150 € (1 410 NOK)

Scandic Holmenkollen Park – ***Hors plan*** - *Kongeveien 26 - 22 92 20 00 - www.scandichotels.com - 150 NOK - - 343 ch. 1204/1710 NOK -* . C'est en 1894 que fut édifié, à côté du tremplin de ski, ce grand manoir de bois aux allures de château de conte de fées. La vue sur la ville et le fjord est admirable.

ISKAFFE
2328
Milkshake
2346

Oslo pratique

Station de vélos en libre-service.

Anna Bryukhanova/iStock

Préparez votre voyage

FORMALITÉS D'ENTRÉE

Papiers – Une carte nationale d'identité ou un passeport en cours de validité suffisent pour les ressortissants de l'Union européenne et les Suisses.
Informations complémentaires sur **www.norvege.no** le site de l'ambassade de Norvège.
« Ambassades », p. 88.

VOYAGER EN AVION

La ville compte 3 aéroports :
Oslo-Gardermoen (OSL) accueille les vols internationaux et domestiques.
Moss Rygge (RYG) et **Sandefjord Torp (TRF)** reçoivent les compagnies *low-cost*.
« Arriver à Oslo », p. 3.

Compagnies régulières

SAS (Scandinavian Airlines System) – 0825 325 335 (France) ; 02 643 69 00 (Belgique) ; 0848 117 100 (Suisse) - www.flysas.com. Liaisons avec Paris, Nice, Bruxelles et Genève.
Air France KLM – 36 54 (0,35 €/mn) - www.airfrance.fr ou www.klm.com. Dessertes au départ de Paris et Lyon.
Brussels Airlines – 0902 51 600 (Belgique) - www.brusselsairlines.com. Desserte au départ de Bruxelles.
Swiss International Air Lines – 848 700 700 (Suisse) - www.swiss.com. Dessert Oslo au départ de Zurich.

Compagnies low-cost

Norwegian – www.norwegian.com. Dessert Oslo au départ de Paris-Orly, Nice et Genève, et de plusieurs autres villes françaises en saison.
Ryanair – www.ryanair.com. Oslo-Rygge au départ de Bruxelles-sud-Charleroi et Béziers.

ARGENT

L'unité monétaire est la **couronne** (*krona* – abréviation kr ou NOK), divisée en 100 øre.
Change – 1 € = 9,60 NOK/1CHF = 8,08 NOK (pour les cours actualisés : www.xe.com/fr).
La plupart des banques proposent un service de change, ainsi que certains hôtels, bureaux de poste, offices de tourisme ou bureaux spécialisés (aux aéroports). Attention, les commissions sont importantes.

Cartes bancaires

Elles sont très largement utilisées par les Norvégiens, même pour les plus petites dépenses. Que ce soit pour un café ou l'accès aux toilettes publiques, vous n'aurez parfois pas le choix !
Les principales cartes bancaires sont acceptées pratiquement partout. Elles vous permettront de retirer des devises dans les distributeurs automatiques devant les banques... mais aussi dans de nombreuses supérettes dotées d'un panneau **Minibank**. Attention à la limite du montant hebdomadaire de retrait.

Pensez à **noter les Numéros Verts qu'il est possible d'appeler 24h/24 en cas de perte ou de vol** afin de faire opposition, sans oublier de faire une déclaration à la police qui délivrera une attestation. *« Banques », p. 88.*

ASSURANCE

Demandez à votre caisse d'assurance au moins 15 j. avant le départ (www.ameli.fr) une **carte européenne d'assurance maladie**, utile en cas de consultation médicale ou d'hospitalisation imprévues. N'oubliez pas alors de rapporter les factures pour vous faire rembourser.

SAISONS

Le climat du sud de la Norvège, où se situe Oslo, est plus clément que celui des régions nordiques. La température estivale moyenne est d'environ 16 °C et la température hivernale moyenne de -2 °C.
Quelle que soit la saison, Oslo mérite une visite : l'**hiver**, vous skierez aux portes de la ville et vivrez les nuits à rallonge. L'**été**, les journées s'étirent (2-3h de nuit seulement). C'est la période idéale pour parcourir le fjord et profiter de tarifs moins élevés dans les hôtels. Site Internet de la météo nationale : **www.yr.no** (en anglais).

Qu'emporter ?

À toute période de l'année, le temps comme la température peuvent être extrêmement changeants d'un moment à l'autre de la journée. Équipez-vous en conséquence et, même en été, prévoyez petites, voire grosses, laines et coupe-vent.
Concernant l'**hiver**, veste polaire, sous-vêtements chauds et chaussures adaptées à la neige sont bien entendu indispensables.
En **été**, les insomniaques s'équiperont de ces petits masques de sommeil pour se prémunir contre la luminosité nocturne (les chambres sont au mieux pourvues de fins rideaux). Si vous quittez la ville, pensez à un spray anti-moustiques et à la crème solaire.

TÉLÉPHONER VERS LA NORVÈGE

Composez le **00** puis le **47**, indicatif de la Norvège, puis le numéro de téléphone local **sans le 0 initial**.

POUR EN SAVOIR PLUS

Sites Internet

www.visitoslo.com – Site de l'office de tourisme très bien documenté : informations en français et réservation d'hébergements. En téléchargement gratuit, **Oslo Official City App** et, en format papier, le guide annuel **Oslo Guide**, très complet. Jeunes voyageurs, consultez le site Use-it (et l'application gratuite pour mobile), ainsi que la version papier ou téléchargeable du plan d'Oslo.
www.whatsonoslo.no – Également une édition papier. Agenda culturel, sorties, restaurants (en anglais)
Pour l'actualité culturelle, consultez aussi le magazine gratuit **U.F.O.**
www.norvege-fr.com – Site généraliste sur le pays.
www.theforeigner.no, www.thelocal.no, www.theoslotimes.com – Journaux locaux en anglais.

Votre séjour de A à Z

ALCOOL

Les alcools forts s'achètent (à partir de 20 ans) dans les magasins d'État, **Vinmonopolet**, et la bière (à partir de 18 ans) dans les supermarchés.

AMBASSADES

France – Drammensveien 69 - N-0244 Oslo - ✆ 23 28 46 00 - www.ambafrance-no.org.
Belgique – Munkedamsveien 53B - N-0244 Oslo - ✆ 23 23 92 20 - diplomatie.belgium.be/en/norway.
Suisse – Bygdøynesvien 13 - N-0244 Oslo - ✆ 22 54 23 90 - www.eda.admin.ch/oslo.

BANQUES ET BUREAUX DE CHANGE

Nombreux le long et aux abords de **Karl Johans gate** (**EF5**). Vous pouvez également changer de l'argent à la poste de la gare centrale.
Les banques sont ouvertes de 9h à 15h du lundi au vendredi (17h le jeudi). Vous y trouverez des distributeurs de billets et un service de change.

Pas de panique !

Appel d'urgence européen/Police : ✆ 112
Ambulance: ✆ 113
Urgences médicales : (Legavakten) – Storgata 40 - ✆ 22 93 22 93.
Pharmacie 24/24 : Vitusapotek, Jernbanetorget 4 - ✆ 23 35 81 00.
Objets trouvés : ✆ 22 66 90 50 (police), dans les transports ✆ 815 68 340 (gare centrale).

CONSIGNES À BAGAGES

À la gare centrale (Oslo Sentralstasjon, ou Oslo S - **F5**), à la gare routière et, pour les plus jeunes, au bureau Use-it (*p. 90*).

DÉCALAGE HORAIRE

Il n'y a aucun décalage horaire avec la France, la Belgique et la Suisse. Le changement d'heure légale s'effectue aux mêmes dates.

DOUANE

La circulation de certaines marchandises et de sommes d'argent en valeur est soumise à des restrictions (www.douane.gouv.fr).

ÉLECTRICITÉ

Courant alternatif 220 V et prises circulaires à deux broches.

HÉBERGEMENT

Se loger coûte cher à Oslo. Guettez les **promotions** sur les sites Internet des hôtels dont les tarifs baissent durant le week-end et en été.

Auberges de jeunesse – Comptez 300/500 NOK/pers. Très bien tenues, elles proposent des dortoirs, mais aussi des chambres doubles et familiales. Pensez à emporter vos draps ou votre duvet. Réservations sur : www.hihostels.no.
Hôtels et pensions – Pour une double, 1 100/2 500 NOK selon la saison. Les hôtels de chaîne et les pensions/hôtels familiaux sont chers. Dans les seconds, vous partagerez souvent les sanitaires. Bonne nouvelle néanmoins, le petit-déjeuner est très copieux !
Chambre chez l'habitant – Prévoyez un budget de 700/1 000 NOK. Consultez les offres et réservez sur : www.bbnorway.com.
« Nos adresses », p. 81.

INFORMATIONS TOURISTIQUES

Oslo Visitor Centre (Visit Oslo) – ***F5*** - Østbanehalllen, Jerbanetorget 1 (l'ancienne gare centrale, accolée à la nouvelle) - 815 30 555 - www.visitoslo.com - juil.-août : 8h-19h (dim. 9h-18h) ; reste de l'année : 9h-18h (fermé dim. d'oct. à avr. sf oct.-déc. 10h-16h). Vous y trouverez toutes les informations souhaitées : hébergement (réservation avec commission), visites et transports. Et vente de l'Oslo Pass (*ci-contre*).
Use-it Unginfo – ***F5*** - Møllergata 3 - 24 14 98 20 - www.use-it.no. Informations et assistance pour les jeunes touristes (15-26 ans) : documentation, réservations, mise à disposition gratuite de téléphones et postes Internet, consigne à bagages. Plan thématique de la ville en version papier ou à télécharger.

INTERNET ET WIFI

La Norvège est un pays (très) connecté. Pour surfer, utilisez le wifi et non les réseaux 3G/4G très coûteux (désactivez la fonction « données à l'étranger » et la mise à jour automatique de votre messagerie), à moins que votre abonnement couvre l'étranger. Vous pouvez également acheter une carte SIM, auprès d'un opérateur local pour utiliser l'Internet de votre smartphone.
Le wifi est disponible dans pratiquement tous les hébergements, restaurants, cafés, aéroports et offices du tourisme, ainsi que dans les rues du centre-ville. Le service est rarement payant.
« Téléphone », p. 94.

JOURS FÉRIÉS

1er janvier : Nouvel An
Pâques, du jeudi saint au lundi
1er Mai : Fête du Travail
17 mai : fête nationale
Jeudi de l'**Ascension**
23 juin : fête de la Saint-Jean
Dimanche et lundi de **Pentecôte**
25 et 26 décembre : Noël
Conseil : En période de congés ou de jours fériés, consultez ou téléchargez les horaires spécifiques de tous les musées sur le site www.visit.oslo.com.

LANGUE

Vous trouverez quelques documents en français à l'office du tourisme. Mais, sauf miracle, vous avez peu de chance de rencontrer un francophone...

En revanche tous les Norvégiens ou presque parlent **anglais**, qui sera donc la langue que vous utiliserez le plus fréquemment.
Mais vous pourrez vous exercer à retenir quelques mots afin de les glisser par-ci par-là, sans parler de conversation. *Lexique dans le rabat de couverture.*
L'alphabet compte **29 lettres**. La prononciation, pour aussi déroutante qu'en soit l'écriture, est proche des consonances auxquelles nous sommes habitués. La prononciation des 3 voyelles supplémentaires se fait comme suit : **å** se prononce « **au** », **æ** se dit « **ai** », **ø** se prononce « **eu** ». Les lettres **u** et **y**, se prononcent comme en français alors que le son « **ou** » est donné en Norvège par la lettre **o**. Il ne vous reste plus qu'à vous entraîner !

MARCHÉS

Très populaires, les marchés aux puces et marchés fermiers se tiennent généralement en fin de semaine.
« Nos adresses », p. 72.

OSLO PASS

Il permet l'accès gratuit à 25 musées, aux transports en commun (y compris le ferry pour Bygdøy) et à diverses attractions (visites guidées, piscines). Il est en vente – en version papier ou numérique – à l'office du tourisme (ou sur www.visitoslo.com), dans les bureaux Ruter et certains hôtels.
Tarifs – 24h : 395 NOK (4-15 ans 210 NOK, +66 ans 315 NOK) ; 48h : 595 NOK (295/475 NOK) ; 72h : 745 NOK (370/595 NOK).
Ce pass est intéressant si vous multipliez les visites et les trajets.
À noter : si vous êtes étudiants ou seniors, vous bénéficiez déjà automatiquement respectivement de 20 % et 50 % de réduction. L'Oslo pass ne sera alors pas forcément rentable.

POSTE

Poste de la gare centrale – ***F5*** - lun.-vend. 8h30-20h, sam. 9h-18h.
Un **timbre** pour l'Europe coûte 14 NOK. Vous pourrez théoriquement en acheter dans les omniprésentes supérettes **Narvesen** (*p. 73*).

POURBOIRE

La question du pourboire est peu claire en Norvège... Il sera évidemment apprécié. Mais beaucoup d'établissements l'incluent à la note (déjà salée). Autrement dit, un pourboire de 10 % récompensera un service de grande qualité.
Lors des réglements en carte bancaire, la plupart des restaurants laissent les clients indiquer s'ils souhaitent ajouter un pourboire.

PRESSE

La Norvège se place tout en haut des classements concernant la **liberté de la presse** et d'expression.
Quelques titres de la **presse française** sont vendus, avec 2 ou 3 jours de retard, dans les enseignes Narvesen (notamment dans la gare centrale, Oslo S).

RESTAURATION

Oslo compte nombre d'établissements de tous types. Si les restaurants sont (très) chers, il est néanmoins possible d'adoucir un peu la note.
Dans les **restaurants**, les cartes du déjeuner (*lunsj*, souvent servi jusqu'à 17h) et du dîner diffèrent souvent et les prix aussi. L'offre est réduite et assez bon marché le midi. Elle est plus élaborée et très onéreuse en soirée. Le système de menu est rarissime et le plat principal *(hoveredett)*, assez copieux, suffit le plus souvent.
Les **cafés** offrent une alternative aux restaurants. Dans une ambiance plus décontractée, on s'y restaure tout aussi bien en allégeant l'addition. N'oubliez pas le concept de « **petit resto du coin** », souvent bon et à un prix raisonnable, excepté dans le quartier branché de Grünerløkka.
Enfin, si vous êtes adeptes de la **junk food**, vous trouverez des snacks en tout genre : stands de kebabs, kiosques de hot-dog, supérettes (Narvesen, 7-Eleven) qui proposent des sandwiches, etc. Les tarifs demeurent néanmoins bien plus élevés qu'en France ou en Belgique.
« Nos adresses », p. 60.

SAVOIR-VIVRE

On attend des visiteurs étrangers un **sens civique** et un **respect de la nature** équivalent à ceux des Norvégiens.
Sachez qu'on ne se fait pas la bise en Norvège. On se serre la main ou, une fois la glace brisée, on s'adonne à de grandes **accolades** nommées *klem*. Si vous êtes invité, pensez à retirer vos chaussures à l'entrée de l'habitation. Lors de fêtes, il est souvent d'usage d'apporter ses propres boissons alcoolisées... pour cause de tarifs élevés voire prohibitifs.

SPORTS ET LOISIRS

La Norvège est une **terre de sportifs**. L'amour de la nature et sa proximité, expliquent l'engouement pour les disciplines en plein air : patinage et ski aux portes de la ville en hiver, VTT, canoë et voile en été, jogging toute l'année. Tout le monde ou presque est ici membre d'un club et bénéficie d'équipements de qualité. Vous pourrez ainsi profiter de superbes piscines. Pour toutes les possibilités offertes, consultez www.visitoslo.com.

TABAC

Il est interdit de fumer dans les lieux publics fermés y compris les restaurants, clubs et bars, d'où le succès des terrasses (chauffées ou dotées de plaids). L'achat de cigarettes est interdit aux moins de 18 ans. Le tarif des paquets est particulièrement dissuasif.

TAXI

Les tarifs sont extrêmement élevés et vous ne paierez jamais en-dessous de 100 NOK, le tarif minimal de jour.
Oslo Taxi - ✆ 0 23 23 - www.oslotaxi.no.
Norgestaxi - ✆ 0 80 00 - www.norgestaxi.no.
Taxi2 - ✆ 02 202 - www.taxi2.no.

TÉLÉPHONE

Appels nationaux – Composez le numéro à 8 chiffres du correspondant.
Appels internationaux – Composez le 00 + l'indicatif du pays + le numéro du correspondant sans le 0 initial pour la France, la Belgique et la Suisse.

Téléphones portables

Bonne nouvelle! La Norvège est concernée par la suppression des frais d'itinérance dans l'Union européenne, effective depuis le 15 juin 2017. Cela signifie que vous pouvez utiliser votre téléphone mobile sur place sans surtaxe (dans la limite des conditions de votre contrat pour la France).
« Internet », p. 90.

Cabines téléphoniques

Elles sont devenues si rares que les gens les prennent en photo! Pour appeler, munissez-vous de pièces de 5, 10 ou 20 NOK ou achetez dans les kiosques et Narvesen des télécartes ou, mieux, des cartes internationales offrant de longues heures d'appels.

TOILETTES

Les toilettes publiques sont généralement propres (10 NOK). Vous en trouverez des gratuites dans les musées, restaurants et cafés.

TRANSPORTS EN COMMUN

Oslo se visite facilement à pied. La capitale dispose cependant d'un bon réseau de transports en commun géré par la compagnie **Ruter**. La gare centrale d'Oslo (Oslo Sentralstasjon ou Oslo S) est au centre de ce réseau.

Ruter - ***F5*** - Jernbanetorget (pl. de la gare centrale) - www.ruter.no - 4000 6700 ou 177 - 7h-20h, sam. 9h-18h, dim. 10h-16h.

Réseau

6 lignes de **métro** (T-bane) traversent le centre avant de rejoindre les périphéries. Le **tramway** est un moyen commode de gagner le centre-ville, notamment en fin de soirée : les lignes convergent vers la gare et le port. Les **ferries** desservent les îles du fjord. Quant aux **bus**, ils sont peu aisés à utiliser, les arrêts n'étant pas toujours annoncés.
À ces transports s'ajoutent les **trains locaux** *(lokal-tog)* de la compagnie NSB (www.nsb.no). Vous les utiliserez avant tout pour rallier l'aéroport.
Plan du réseau au dos du plan détachable.

Tickets, tarifs et pass

Les tickets Ruter sont utilisables sur tout le réseau, sauf les trajets vers l'aéroport et le ferry vers Bygdøy.
Ticket à l'unité tramway, bus, métro, valables 1h : 35 NOK (55 NOK à bord des bus, enf. 50 %). Ticket 24h : 105 NOK ; 7 j. : 249 NOK. Ces tarifs concernent la Zone 1 qui couvre très largement le centre-ville.
Tous les tickets peuvent être achetés aux bornes automatiques et dans les enseignes Narvesen et 7-Eleven.
Avec l'appli mobile **RuterBillett**, vous achetez (sur www.ruter.no) des tickets et pass, ou payez à chaque trajet, à l'aide de votre smartphone.
Sachez que l'**Oslo Pass** (*p. 91)* permet d'emprunter à volonté tous les transports dans les Zones 1 et 2.

VÉLO

De longues **pistes cyclables** (urbaines ou vertes) sillonnent Oslo. On peut ainsi relier le centre-ville à Bygdøy ou longer la rivière Akerselva.
Oslo Bysykkel – www.oslobysykkel.no. La municipalité propose des vélos en location au départ de plus de 110 stations (avr.-oct. : 6h-0h). Rendez-vous à l'**office de tourisme** pour l'abonnement journalier (49 NOK) ou saisonnier (399 NOK) qui prend la forme d'une application smartphone. Attention, les vélos ne peuvent être utilisés que 3h de suite. Vous devrez alors le retourner dans une station et, éventuellement, en prendre un autre.
Autre option, louer un vélo :
Viking Biking – Nedre Slottsgate 4 - 41 26 64 96 - www.vikingbikingoslo.com - mai-sept. : 9h30-18h - 125 NOK/j.

VISITES GUIDÉES

À pied

Les agences proposant des visites guidées généralistes ou thématiques (nature, architecture, sport) sont recensées sur le site de l'office du tourisme (www.visitoslo.com/fr/activites-et-sites/visites-guidees) : Oslo Walks (www.citywalks.no), Guideservice (www.guideservice.no), Oslo Guidebureau (www.osloguidebureau.no). Comptez 100/200 NOK pour 1h30 à 2h de visite.

À vélo

Viking Biking *(ci-dessus)* organise des circuits à travers la ville mais aussi en pleine nature (forêt, fjord, plages) - 380 NOK pour 3h (réduction avec Oslo Pass).
Les tours de la compagnie **alternativOSLO** (www.alternativoslo.com) s'éloignent volontairement des sentiers battus pour se rapprocher des habitants. Guides francophones.

En bus hop-on hop-off

Oslo Sightseeing – www.citysightseeing.no - de fin avr. à fin sept. : 9h30-17h - dép. ttes les 30mn à partir de 18 arrêts (théâtre, hôtel de ville...) - 315 NOK/pers./24h (6-15 ans moitié prix).
Des autobus avec audioguide, spécialement aménagés avec un toit ouvrant, sillonnent le centre-ville à la découverte des sites historiques.

En bateau

Vous pourrez rejoindre les îles en empruntant un ferry (*p. 53*).
Autre option, prendre part à l'une des **croisières** proposées, de jour ou de nuit, classiques ou thématiques, le plus souvent au départ des pontons en face de l'hôtel de ville. Les tickets s'achètent aux guichets des compagnies ou à l'office du tourisme.
Batservice Sightseeing - ***E5-6*** - Rådhusbrygge 3 - www.boatsightseeing.com - 315/529 NOK selon la formule (4-15 ans moitié prix). Bateau à montée et descente illimitées (*hop on/hop off*), toute l'année, sorties thématiques ou nocturnes. En été, croisière sur le fjord (2 à 3h) avec visites guidées.

Agenda culturel

RENDEZ-VOUS ANNUELS

Tout l'agenda événementiel de la capitale sur www.visitoslo.com/fr/agenda.

Février-Mars

▶**Ski Festival** - Sur le site de Holmenkollen, fête du ski et compétitions internationales (saut à ski, ski de fond). skifest.no

▶**Festival de Musique religieuse** - (1 sem.) Dans diverses églises de la capitale. www.kirkemusikkfestivalen.no

Pâques

▶**Metal Inferno Festival** - (w.-end de Pâques) Le plus grand festival de musique métal du pays. www.infernofestival.net

Mai

▶**Fête nationale** - (17 mai) Le Jour de la Constitution (ou fête nationale), Karl Johans gate se pare des trois couleurs norvégiennes. Défilés des écoliers, costumes traditionnels, etc.

Juin

▶**Norwegian Wood** - (3 j.) Festival rock international aux Frognerbadet. www.norwegianwood.no

▶**Oslo Pride** - (1 sem.) Manifestations culturelles (cinéma, spectacles) et défilés autour de la communauté LGBT norvégienne. www.oslopride.no

Août

▶**Øyafestivalen** - (4 j.) Dans le parc Tøyen, proche du musée Munch, 60 000 personnes prennent part au plus important festival de rock d'Oslo. www.oyafestivalen.com

▶**Festival de jazz** - Un festival de renommée internationale. Une autre manière de découvrir les hauts lieux de la vie nocturne de la capitale. www.oslojazz.no

▶**Festival de musique de chambre** - (10 j.) Concerts et manifestations variées. Artistes locaux et internationaux se produisent dans différentes salles de la ville, certaines sont ouvertes au public uniquement à cette occasion. www.oslokammermusikkfestival.no

▶**Festival Mela** - (1 w.-end) Sur la place de l'hôtel de ville, un festival familial et gratuit autour de la musique, des danses et de la gastronomie du monde entier. www.mela.no

Septembre

▶**Matstreif** - (3 j. au déb.du mois) Au pied de l'hôtel de ville, festival de la gastronomie norvégienne.

▶**Marathon d'Oslo** - (3e w.-end) Départ et arrivée à l'hôtel de ville. oslomaraton.no

▶**Ultima** - (10 j.) Musiques contemporaines dans diverses salles de la ville. www.ultima.no

▶**Festival international Ibsen** – (2 sem.) Performances autour de Ibsen. www.ibsenfestivalen.no
▶**Nuit de la culture** – Toute la nuit, 300 arrangements et concerts gratuits, au sein des lieux culturels qui prolongent leurs horaires d'ouverture. www.oslokulturnatt.no

Novembre-Décembre

▶**Oslo World Music Festival** – (6 j.) De la world music pour réchauffer la ville. www.osloworldmusicfestival.no
▶**Remise du prix Nobel de la paix** – (10 déc.) À l'hôtel de ville. Concert et descente aux flambeaux.

GALERIES D'ART

Les amateurs d'art contemporain déambuleront dans les quartiers de **Grünerløkka** et de **Tjuvholmen** qui compte plusieurs galeries.

▶**Galerie K** – Bjørn Farmanns gate 6 - ✆ 22 55 35 88 - www.gallerik.com - mar.-vend. 11h-16h, sam. 11h-16h, dim. 12h-16h - fermé lun. Art contemporain norvégien et international.

▶**Galerie Pushwagner** – Tjuvholmen allé 10 - ✆ 22 83 16 18 - www.pushwagner.no - 12h-18h. La galerie d'un des artistes majeurs de la scène contemporaine norvégienne.

▶**Kunstnerforbundet** – Kjeld Stubs gate 3 - ✆ 23 31 02 40 - www.kunstnerforbundet.no - mar.-vend. 11h-17h, w.-end 12h-16h - fermé lun. Ouverte en 1910, cette galerie accueille les jeunes artistes locaux.

▶**Galerie LNM** – Kongens gate 2 - ✆ 22 42 15 78 - www.lnm.no - mar.-vend. 11h-17h, w.-end 12h-16h - fermé lun. Une galerie gérée par l'association des peintres norvégiens et qui propose une dizaine d'expositions annuelles.

ÉVÉNEMENTS 2019-2020

En mai 2019, la capitale norvégienne accueille sa première biennale internationale d'art. www.oslobiennial.no.
L'ouverture du nouveau Musée national et du musée Munch seront à n'en pas douter les événements culturels de l'année 2020.

CSP_Nanisimova/Fotosearch/age fotostock

Holmenkollbakken où se déroule le Ski Festival.

Pour en savoir plus

Oslo vu du fjord (arrière-plan, Musée Astrup Fearnley, architecte Renzo Piano Building Workshop)
Sharpyshooter/iStock

Les dates clés

AUX ORIGINES

10000 av. J.-C. – Arrivée de peuplades de chasseurs et de pêcheurs sur les terres norvégiennes.
3e s. av. J.-C./début de l'ère chrétienne – Âge de bronze puis début du commerce (fourrure, ambre, esclaves), avec les Romains.
8e s. – Début des vagues de **raids vikings** à travers l'Europe (*p. 103*).
870-1000 – À la fin du 9e s., **Harald Ier** soit « le Blond » (env. 880-930), réalise l'unification d'une grande partie de la Norvège et devient le **premier roi**. Des chefs vikings fuyant son pouvoir s'installent en Islande.
11e s. – **Olav Ier** impose le christianisme. **Harald Hårdråde** (« le Dur »), demi-frère de saint Olav, devient roi et fonde **Oslo** (*p. 31*). En 1066, il échoue dans la prise de contrôle de l'Angleterre et cette défaite à la bataille de Stamford Bridge marque la fin de l'ère des Vikings dont il demeure le dernier grand chef.
12e et 13e s. – Période de construction de la plupart des **églises en bois debout** (*p. 110*) et des cathédrales comme celle d'Oslo.
13e s. – Sous le règne de **Håkon IV** (1204-1263), la Norvège devient un véritable État et, en 1262, elle prend le contrôle de l'Islande. Cependant, la **Ligue hanséatique**, basée à Bergen, impose sa toute-puissance économique.

Héraldique

*Le blason d'Oslo (assez inhabituel) date de sept siècles environ. Il représente **Halvard**, son saint patron qui, assis sur un trône orné d'un lion à deux têtes, tente de protéger une femme allongée. Les flèches et la meule de pierre racontent son martyre. Il est entouré de la devise : « Unanimiter et Constanter » (Uni et Constant).*

Håkon V (1270-1319) établit sa résidence à **Oslo**. Hostile aux Anglais, il fait édifier des forteresses dont celle d'**Akershus** (*p. 28*) et contribue à l'emprise de la Hanse.

ENTRE SUÈDE ET DANEMARK

1319 – Sans héritier mâle, Håkon V est remplacé à sa mort par son petit-fils suédois, Magnus. La Norvège passe ainsi sous contrôle de la **Suède**.
1397-1523 – Menacés par la suprématie économique allemande, les pays nordiques décident de s'allier. Le **traité de Kalmar** unit le Danemark, la Suède et la Norvège. L'Union vole en éclat en 1523 : la Norvège reste sous contrôle du **Danemark**.
1536 – Fondation de l'**Église luthérienne** de Norvège. Des prédicateurs allemands et des marchands de la Hanse avaient diffusés les enseignements de Luther bien avant que la nouvelle religion ne soit officiellement instaurée.

1624 – Oslo est ravagé par un incendie (*encadré ci-dessous*).
1660 – **Frederik III** (1609-1670) instaure une **monarchie absolue**. La Norvège est alors entièrement intégrée à la **structure administrative danoise**. Du pouvoir exécutif aux détails de la vie quotidienne, tout est planifié à Copenhague.
1814 – Le **traité de Kiel** transfère à la **Suède** le contrôle sur la Norvège. Le **17 mai**, celle-ci se dote d'une Constitution et son Parlement (*p. 16*) siège alors à **Christiania** (Oslo) qui redevient la **capitale**. Il y avait en Norvège, depuis le 18e s., une forme de nationalisme latent. Il se cristallise dans l'expression artistique. L'amour de la terre norvégienne s'exprime, à leur manière tout à fait personnelle, par le peintre Johan Christian Dahl (*p. 115*), le dramaturge Henrik Ibsen (*p. 117*), et le compositeur Edvard Grieg. On redécouvre également les folklores régionaux et les citadins adaptent au goût du jour les costumes paysans.
1825 – Début de la construction du **Palais royal** (*p. 22*).

ENFIN SEULE

1905 – La Norvège acquiert son **indépendance**. L'union entre la Norvège et la Suède est dissoute après à un vote du **Storting** (Parlement d'Oslo) qui suit un référendum : le 13 août 1905, à la quasi-unanimité, le peuple norvégien se prononce pour l'indépendance et, le 25 novembre, un prince danois devient, sous le nom d'**Håkon VII**, le souverain constitutionnel du royaume indépendant de Norvège.
1911 – **Roald Amundsen** atteint le pôle Sud (*p. 44 et 57*).
1913 – La Norvège accorde le **droit de vote aux femmes**.
1914-1918 – Comme les autres pays scandinaves, la Norvège reste neutre durant la Première Guerre mondiale.
1920 – La Norvège adhère à la Société des Nations.
1922 – L'explorateur norvégien **Fridtjof Nansen** (1861-1930) reçoit le **prix Nobel de la paix** après s'être distingué dans l'action humanitaire : la création du « passeport Nansen » permettant aux réfugiés fuyant la

Christiania la danoise

En 1624, Oslo est ravagé pour la 13e fois par les flammes. Le souverain danois ***Christian IV*** *décide de faire construire une nouvelle cité, à l'emplacement actuel du centre-ville, et proscrit l'utilisation du bois. De style Renaissance, la ville prend alors le nom de son « refondateur » pour s'appeler* ***Christiania****. À partir de 1814, début de l'union avec la Suède, elle se développe : la révolution industrielle voit s'implanter des usines le long du torrent, attirant de nouveaux habitants, tandis que des édifices publics s'élèvent. En 1905, l'indépendance donne un nouvel élan à cette expansion. Vingt ans plus tard, pour le 300e anniversaire de sa fondation, Christiania reprend son nom d'origine, Oslo. Au fil des décennies, elle passe du statut de grosse bourgade provinciale à celui de capitale.*
Musée de la ville, p. 48.

révolution soviétique d'obtenir une identité officielle sous l'égide de la Société des Nations.

1925 – **Oslo**, un temps Christiania, reprend son nom d'origine.

1940 – Les Allemands envahissent la Norvège. En juin, le roi quitte le pays avec son gouvernement pour se réfugier à Londres où il reste jusqu'à la fin de la guerre.

Le pays, contrôlé par les Allemands, est dirigé par un gouvernement pro-nazi fantoche : le Nasjonal Samling mené par Vidkun Quisling. La résistance civile empêche néanmoins le pays occupé de fonctionner normalement et les Allemands procèdent à des arrestations en masse et à des déportations *(p. 43)*.

1945 – La Norvège adhère à l'ONU.

1949 – La Norvège rejoint l'OTAN.

1952 – **Jeux olympiques d'hiver à Oslo**. La Norvège domine avec un total de 16 médailles dont 7 d'or.

1959 – Participation à la fondation de l'Association européenne de libre-échange (AELE), embryon de la future Union européenne.

1969 – Découverte **de pétrole et de gaz** dans les eaux froides de la mer du Nord. Rapidement, la Norvège se hisse au sommet des classements mondiaux : revenu par habitant, qualité de vie *(p. 108)*, indice de développement humain, liberté de la presse...

1972 et 1994 – Les Norvégiens rejettent par référendums l'adhésion à l'UE.

1991 – Le roi **Harald V** succède à Olav V qui régnait depuis 1957.

1999 – La Norvège intègre l'espace Schengen.

2004 – *Le Cri* de Munch est dérobé au musée d'Oslo... Il sera retrouvé en 2006.

MÉTAMORPHOSE D'OSLO

1986 – Début de la reconversion du front de mer de la capitale avec la création du quartier d'Aker Brygge, en lieu et place d'anciens entrepôts.

2008 – Inauguration de l'**Opéra** d'Oslo dans le quartier de Bjørvika *(p. 32)*.

2011 – Le 22 juillet, Anders Breivik perpètre un attentat à la bombe, faisant 8 victimes dans le centre-ville, puis tue 69 personnes lors d'une fusillade sur l'île d'**Utøya**.

2012 – Le quartier de **Tjuvholmen** voit le jour en bord de fjord, sur le site des anciens chantiers navals *(p. 26)*. Et le long de l'Akerselva, les zones industrielles sont réaménagées : le quartier de **Vulkan** est né *(p. 38)*.

2015 – **Bjørvika** poursuit son élan architectural avec le chantier de la nouvelle bibliothèque et celui du nouveau musée Munch.

2016 – Les **championnats du monde de biathlon** organisés à Holmenkollen se déroulent dans une immense ferveur populaire.

2020 – Ouverture prévue des nouveaux Musée national (près d'Aker Brygge) et musée Munch (à Bjørvika).

Leurs ancêtres les vikings

UN MYTHE ?

La civilisation viking telle qu'on la narre aujourd'hui est pour l'essentiel une construction récente qui remonte à la fin du 19e s., lorsque les États scandinaves étaient en pleine **période national-romantique** et que l'élaboration du mythe viking servait des desseins politiques. Le Viking devint l'idéal qui nourrit le sentiment national. Il représentait le symbole de l'homme libre. Pendant la Seconde Guerre mondiale, il fut grimé en guerrier SS à des fins de propagande et, après la guerre, représenté en paysan se battant plus avec sa pioche qu'avec son épée pour survivre.
Dans les années 1980 et 1990, alors que les discussions battaient leur plein pour une éventuelle adhésion à la Communauté européenne, les Vikings étaient représentés comme marchands, précurseurs de la libre circulation.

EN RÉALITÉ

L'époque des Vikings, qui s'étend de 800 à 1050, marque l'entrée de la Scandinavie dans l'histoire. En l'espace de deux cent cinquante ans, ils ont changé le cours de l'histoire européenne, bien que le mot « histoire » soit hasardeux, puisque tout ce que nous connaissons d'eux s'appuie sur des fouilles archéologiques, sur des chroniques contemporaines et sur des **sagas** des 12e et 13e s., rédigées donc postérieurement d'après les traditions orales des bardes qui, très souvent, adaptaient leurs contes au goût de leur auditoire.

LES EXPÉDITIONS

Au début du 9e s., la Scandinavie connut un accroissement démographique que ne pouvait compenser l'extension des terres agricoles, rendue impossible par la géographie du pays. D'autre part, la loi viking faisait des fils aînés les seuls héritiers : les cadets devaient donc quitter la maison familiale et aller chercher fortune ailleurs.
Les Scandinaves savaient extraire le fer des marais et fabriquer des armes redoutables. Mais c'est grâce au développement de leurs invincibles navires qu'ils purent mettre en pratique une stratégie extrêmement efficace, fondée sur une attaque soudaine et rapide, et s'assurer ainsi une supériorité militaire décisive.
Ces navigateurs ne se contentèrent pas de traverser la mer du Nord avec leurs navires, ils franchirent aussi l'Atlantique pour accoster au Groenland, voire au Canada.

Les bateaux

Grands navigateurs, les Vikings avaient mis au point des navires faciles à manœuvrer, tenant bien la mer au cours des tempêtes. Ils étaient appelés *langskip* lorsqu'il s'agissait d'une embarcation destinée aux expéditions guerrières, et *knarr* s'il s'agissait d'un bateau de commerce. L'examen minutieux de bateaux vikings tels que ceux d'**Oseberg** et de **Gokstad**, exposés au **musée des Bateaux vikings** (*p. 42*), permet de mieux comprendre leur suprématie. Leurs navires étaient rapides, équipés d'un mât central et d'une voile carrée, ce qui permettait à l'équipage de ramer même lorsque la voile était déployée. Pouvant transporter 100 hommes, ils naviguaient à une vitesse maximale de 12 nœuds et étaient conçus de telle façon que, même avec une charge maximale, des navires de la taille de celui de Gokstad (24 m de longueur et 5 m de largeur) n'avaient besoin que d'un mètre de tirant d'eau. Ils pouvaient donc s'approcher de n'importe quelle côte et remonter n'importe quelle rivière, mais aussi, au besoin, être tirés à terre grâce à leur légèreté... Contribuant ainsi à user de l'effet de surprise. Munis d'une quille solide et d'une proue incurvée devenue le symbole de la puissance des Vikings, ils étaient par ailleurs très flexibles et leur résistance fut prouvée en 1893 quand on fit traverser l'Atlantique à une réplique du bateau de Gokstad. Grâce à leurs expéditions, les Viking acquirent une grande expérience de la construction navale.

Les armes

L'arme favorite des Vikings était la hache, qu'ils maniaient avec une grande dextérité ; venaient ensuite la longue épée plate à double tranchant, puis la lance, l'arc et les flèches et le couteau en fer à un tranchant. Pour combattre, les guerriers revêtaient une cotte de mailles en fer, un casque rond en cuir ou en fer et se protégeaient avec un bouclier en bois. Les sagas racontent que certains Vikings, les **berserk**, étaient des combattants particulièrement féroces, qui se battaient sans armure, « comme des bêtes sauvages ». Ils furent sans doute largement responsables du sentiment de terreur qui se répandit en Europe !

LA SOCIÉTÉ

Bien organisés, les Vikings se révélaient des agriculteurs et des artisans habiles doués pour le travail des métaux, ainsi que des chasseurs adroits et de brillants cavaliers. Ils cultivaient diverses céréales et pratiquaient l'élevage dans des enclos contigus à leurs longues maisons de bois groupées en villages, leur permettant de se vêtir avec des tenues en laine, en soie ou en lin. Il y avait trois classes sociales bien distinctes. L'**aristocratie** était composée de seigneurs fonciers. Le roi, également grand prêtre de la religion d'Odin, était élu par les chefs de clans. À l'origine, seuls les membres de la famille du défunt roi étaient éligibles, ce qui conduisit peu à peu à rendre la monarchie plus ou moins héréditaire. Les **hommes libres**, pour la plupart paysans, jouissaient des droits du citoyen et se réunissaient en assemblées nommées *thing* qui faisaient appliquer la loi et débattaient des problèmes locaux.

Calle Montes/Photononstop

Musée des bateaux vikings sur la presqu'île de Bygdøy.

Les **esclaves**, ou *trell*, venaient de divers horizons : condamnés de droit commun, débiteurs insolvables ou étrangers capturés lors des raids.
La société viking était **polythéiste** et nantie d'une mythologie complexe qui tentait d'expliquer la création du monde et d'en prédire la fin.
La religion s'adressait à un vaste panthéon de dieux et de déesses dont une profusion de mythes et de fables, parfois très poétiques, racontaient les aventures. **Odin** était le dieu suprême, le dieu de la Guerre et des Guerriers morts au combat, mais il était également à l'origine des aspirations les plus nobles de l'homme.
Intéressante section viking au **Musée historique** *(p. 21)*.

L'écriture runique

Elle correspond à une représentation phonétique, c'est-à-dire qu'à chaque signe ou **rune** correspond un son. L'ensemble des runes constitue un alphabet, appelé *futhark* d'après les 6 premières lettres qui le composent et comprenant 24 caractères. Au 9e s., le nombre des signes fut réduit à 16. L'écriture runique a été utilisée par tous les peuples germaniques. Les plus anciennes inscriptions connues datent du 2e s., mais, dans la plupart des pays, l'utilisation du *futhark* cessa vers le 10e s., sauf en Scandinavie où l'on continua à s'en servir pendant tout le Moyen Âge. Ces gravures sur pierre, bois ou métal ou os sont riches d'enseignement sur la société viking.

Un peu de folklore ?

UN ESPRIT FESTIF

Les origines des fêtes et des divertissements remontent souvent aux traditions païennes, comme la **Saint-Jean**, jour du solstice d'été. Ce jour-là, on allume de grands feux et l'on mange (et boit) dehors, lorsque la météo est clémente.

Les **fêtes de Noël**, connues sous le nom de **Jul**, sont restées plus proches de la tradition dans les campagnes qu'à la ville : dans les fermes, une bière *(juleøl)* est brassée tout spécialement et les convives lèvent leur verre le soir de Noël en prononçant le célèbre *skål* (« À votre santé ! »), comme le faisaient leurs ancêtres vikings. Une profusion de décorations colorées, où dominent les rouges et les verts, éclaire la période de Noël. C'est bien sûr le cas à Oslo où les abords du Parlement et du Théâtre national accueillent un **marché de Noël** et une patinoire. Vous pourrez vous y réchauffer avec du *gløgg* (vin chaud), du *julegrøt* (riz au lait) et des biscuits aux épices.

La **fête nationale** a aussi une signification spéciale en Norvège où le **17 mai, jour de l'Indépendance et de la Constitution**, est célébré avec ferveur. C'est une sorte de festival de printemps, une kermesse très conviviale où les enfants en costume national jouent le rôle principal en défilant avec un petit drapeau. À Oslo, accompagnés de fanfares, ils remontent Karl Johans gate jusqu'au Palais royal où ils sont salués par la famille régnante.

Le 17 mai marque également la fin du **russefeiring**, la période festive (très alcoolisée) célébrée par les étudiants.

LES COSTUMES NATIONAUX

Vendus dans des boutiques spécialisées et portés lors de la fête nationale, d'événements locaux ou familiaux, ces costumes *(bunader)* sont apparus avec le « romantisme national » qui a accompagné l'éveil du pays à l'indépendance. Les citadins ressentent alors le besoin de glorifier tout ce qui compose l'identité norvégienne. Si les matériaux (lin, coton, laine, soie) sont identiques d'une région à l'autre, la coupe, le style, les couleurs et les éléments décoratifs de ces costumes inspirés des tenues paysannes varient selon la région. Des bijoux en argent et des broderies de fleurs et de feuilles, que l'on trouve aussi représentés sur le mobilier traditionnel, les personnalisent.

Illustrant à Oslo cet attachement des Norvégiens à leur passé comme à la vie rurale, le **musée du Folklore norvégien** (*p. 41*) regroupe des bâtiments ruraux et conserve d'extraordinaires collections qui permettent une approche presque exhaustive de la richesse et de la diversité de l'art populaire régional.

Fête nationale, devant le parlement de Norvège.
Ekely/iStock

Une qualité de vie

Votre séjour à Oslo – et peut-être dans d'autres régions du pays – pourrait bien vous rendre envieux, voire jaloux ! Avec une rente pétrolière remarquablement gérée et qui profite à tous, une démocratie modèle, un sens civique très développé, un système éducatif performant et une nature aussi formidable que généreuse, les Norvégiens jouissent d'une qualité de vie parmi les plus élevées au monde.

L'ENFANT ROI

Au royaume de Norvège, le roi... c'est l'enfant. Tout est prévu pour eux : espaces de jeux, menus adaptés, musées, etc. L'État leur assure des **droits** importants : respect en tant qu'individu, priorité de son intérêt en cas de divorce, éducation. La scolarité est obligatoire de 6 à 16 ans. Outre l'acquisition des connaissances, le petit Norvégien apprend le respect, l'égalité et la responsabilité (les fondements d'une société à laquelle il est incité à apporter sa pierre).
Le **congé parental** est ainsi l'un des plus longs du monde. Et tout est mis en œuvre pour faciliter le travail des femmes avec enfants.

EN ÉQUILIBRE

Vivre à la norvégienne, c'est (tenter de) ne pas devenir esclave de son travail. Le rythme de vie est organisé de telle façon que la journée de travail commence tôt afin de finir à 16h ou 17h. Le travail à temps partiel est également favorisé, pour allonger les temps de loisirs. Pour le visiteur, cela est particulièrement frappant en été, quand la population ne veut pas perdre une minute de ce soleil qui lui a tant fait défaut le reste de l'année. S'ils manquent de patience, les Norvégiens s'envolent vers le sud de l'Europe ou fréquentent les centres de bronzage.

CHEZ SOI ET EN PLEINE NATURE

Dans un pays où les hivers sont rudes, on accorde une grande importance à l'**aménagement de la maison**. Design, modernité, espace, confort, lumière...
Mais on se précipite aussi dehors dès que possible ! Les premiers mots de l'hymne national (« Oui nous aimons ce pays, qui se dresse, rude, tempétueux, au-dessus de l'océan... ») traduisent l'admiration et le respect que les Norvégiens portent à leur territoire sauvage.
Sous le modernisme le plus militant se cache toujours un amour tout aussi exclusif pour la nature. Les Osloïtes pratiquent les **activités en plein air** quelle que soit la saison et aux portes de la ville. Et une fois le printemps venu, beaucoup rejoignent leur **hytter** au bord d'un fjord, d'un lac ou en forêt. Malgré un confort parfois basique, ce cabanon est un éden loin des tremblements du monde.

La passion du sport

Corollaire à l'amour de la nature, l'engouement pour le sport est ici frappant. Peut-être le remarquerez-vous en parcourant Oslo, les Norvégiens marchent vite et semblent en permanence sur le point d'entamer un jogging ! La plupart des enfants et adolescents sont membres d'un club et, comme toute la population, ils bénéficient à la fois d'équipements de grande qualité et d'une aire de jeux gigantesque : les eaux, montagnes et forêts de tout le pays !

UN ESPRIT D'ÉQUIPE

Chez les hommes comme chez les femmes, le **football** et le **handball** sont les sports collectifs les plus populaires. L'équipe féminine de handball possède ainsi le plus beau palmarès mondial. Et les footballeuses ont dominé la discipline dans les années 1990. Les hommes, certes moins titrés, participent néanmoins fréquemment aux phases finales des compétitions internationales dans ces disciplines, ainsi qu'en **hockey sur glace**. Côté football local, la Tippeligaen (ligue professionnelle – www.toppfotball.no) compte 16 clubs d'élite. Le **Vålerenga IF**, fondé en 1913, est le principal club de la capitale et évolue dans le stade Ullevaal (également antre de l'équipe nationale). Avec 5 titres de champion, il se classe loin derrière le Rosenborg BK (club de Trondheim) qui écrase ses rivaux avec 25 titres !

L'ART DE LA GLISSE

« Tout Norvégien porte en lui un champ de neige ». Comme en témoignent des gravures rupestres, les sagas islandaises du Moyen Âge ou la présence d'un dieu et d'une déesse du ski dans la mythologie nordique, le ski est ici un mode de vie solidement établi depuis 4000 ans (*Skimuseet, p. 51*) ! L'homme préhistorique l'utilisait pour chasser et pêcher, et il fut longtemps le seul mode de locomotion en hiver. Le **ski moderne** fut inventé en tant que sport vers 1870, dans la province de Telemark par **Sondre Norheim** qui mit au point des attaches fixes et perfectionna sa propre technique de glisse (le télémark) permettant de tourner et d'amortir les chocs.
Les Norvégiens participent massivement aux courses locales comme la **Birkebeiner** et suivent avec ferveur les compétitions internationales organisées à Oslo (**JO** en **1952**, **championnat du Monde de biathlon** en **2016**...). Aux **JO d'hiver** de **2018**, la Norvège s'est classée première en battant le record de médailles lors d'une olympiade (39, dont 14 en or).
Les champions ne manquent pas : d'**Oscar Mathisen** (1888-1954), 5 fois champion du monde de patinage de vitesse, jusqu'à **Ole Einar Bjørndalen** (6 titres olympiques en biathlon) et la fondeuse **Marit Bjørgen**, détentrice du record absolu de médailles (15, dont 8 en or) des JO d'hiver.

Les maîtres du bois

MATÉRIAU ET TECHNIQUES

Le bois a été très longtemps le matériau de base de l'architecture nordique. Les forêts garantissaient la production d'énormes quantités de bois de construction. En revanche, la pierre était beaucoup plus difficile à extraire du sol gelé, et donnait en outre des bâtiments difficiles à chauffer. L'utilisation du bois se généralisa donc bien avant l'ère viking, mais les techniques à la fois complexes et remarquables, qui permirent aux constructions de bois de résister à l'usure du temps, furent mises au point par les Vikings dont l'esprit d'innovation s'appliqua tout autant à la construction des bâtiments qu'à celle des navires. La diversité des constructions de bois en Scandinavie est due à l'emploi de deux techniques très différentes qui datent du 9e s. À cette époque, les Vikings rapportèrent d'Orient la première de ces techniques (*laft* en norvégien), à savoir la construction de cabanes en rondins selon la méthode de l'assemblage à tenons et mortaises : les troncs, grossièrement dépouillés de leur écorce, étaient simplement empilés les uns sur les autres et les interstices remplis de terre et de mousse; les extrémités des rondins étaient entaillées et assemblées par emboîtage; il n'y avait pas de fondations et la charpente était recouverte d'écorce de bouleau maintenue en place par une couche de terre garnie d'herbe. Les **cabanes en rondins** étaient carrées ou rectangulaires et ne comportaient qu'une seule pièce à foyer central. Les murs étaient très souvent doublés extérieurement de planches horizontales ou verticales soigneusement assemblées et peintes. Ce doublage servait d'isolation thermique et de protection contre la pluie et la neige, mais il fut à l'origine d'une recherche esthétique qui se traduisit, entre autres, par la décoration des encadrements de portes et de fenêtres. Ces techniques de base furent couramment utilisées dans l'architecture traditionnelle, soit séparément, soit ensemble avec des variantes régionales.

LES STAVKIRKER

Les **églises en bois debout** de Norvège sont les plus complexes des édifices en bois jamais érigés en Scandinavie. La technique *stav* consistait à maintenir des rangées verticales de rondins, ou de planches, dans un cadre fait de poutres horizontales garnies de rainures. La présence d'une sablière basse empêchait la détérioration des murs, ce qui explique pourquoi ces édifices résistent depuis 800 ans. Les premières furent construites au temps des Vikings, vers la fin du 10e s., et, au début du 14e s., on en dénombrait environ un millier.

Sombres, elles étaient ornées de clochers pointus et de pignons à pente raide surmontés de têtes de dragons, symboles de puissance… Au cours du 14e s., une épidémie de peste décima un tiers de la population et, ainsi désertées, beaucoup d'églises en bois debout tombèrent en ruine ou furent détruites par le feu. Plus tard, d'autres, devenues trop exiguës, furent démolies et remplacées par des églises plus grandes, souvent construites en bois, mais dans un style différent. Les dernières, mal entretenues, se dégradèrent et, au 19e s., il n'en demeurait qu'une trentaine en Norvège. C'est le peintre **Johan Christian Dahl** qui attira l'attention du public sur cette richesse unique du patrimoine norvégien. Le pays étant alors en quête de son identité nationale, il fut entendu et les Norvégiens entreprirent alors de sauvegarder ce qui pouvait l'être. La technique *stav* fut adaptée à divers styles architecturaux. Dans un premier temps, les églises furent construites selon un plan rectangulaire tout simple comprenant une nef et un chœur. Plus tard, on ajouta une abside en demi-cercle et la travée centrale de la nef fut surélevée et séparée des bas-côtés par des piliers. Quel que soit leur style, elles furent entourées d'une galerie extérieure qui servait de porche et protégeait le bas des murs. La toiture s'élevait en trois paliers et était parfois surmontée d'une ou plusieurs tourelles ; la couverture était en galets de bois. L'édifice était entièrement badigeonné au goudron de bois pour éviter sa décomposition.

Les églises en bois debout étaient **décorées**, avec plus ou moins de raffinement, de sculptures représentant des animaux, réels ou mythiques, comme le voulait la tradition viking. Les encadrements de portes étaient souvent ornés de haut en bas de motifs complexes. Le faîte des nombreux pignons était dans la plupart des cas surmonté de dragons en guise de protection contre les mauvais esprits. L'intérieur des églises est généralement très sombre toutefois, la richesse de la décoration est étonnante (chapiteaux sculptés, murs et plafonds ornés de fresques).

ARCHITECTURE RURALE

Au fil des siècles, les techniques de base *laft* et *stav*, utilisées pour la construction de bâtiments ruraux, ont été habilement adaptées selon les besoins. Les **bâtiments de ferme** ont des murs doublés et une élégante galerie extérieure qui leur donnent un aspect confortable ; ils sont peints de couleurs lumineuses. Les fermes d'été des régions montagneuses ont souvent conservé l'aspect de cabanes en rondins, au toit couvert de couches de terre garnies d'herbe. Les dépendances comprennent des greniers qui se présentent sous la forme d'un bâtiment reposant sur des piliers de pierre ou de bois ; ces **stabbur** sont fréquents dans le sud de la Norvège. Rendez-vous à la section de plein air du **musée du Folklore norvégien** *(p. 41)* qui rassemble 158 bâtiments, et au **Musée historique** *(p. 21)* qui expose des portails d'églises.

Un nouvel Oslo

Après la Seconde Guerre mondiale, il a fallu reconstruire rapidement et la fonctionnalité prévalait. Dès les années 1960, on attache à nouveau de l'importance à l'esthétique.

DES ARCHITECTES NORVÉGIENS…

Première figure phare : **Sverre Fehn** (1924-2009) à qui l'on doit le pavillon norvégien de l'Exposition universelle de Bruxelles en 1958 – une construction carrée en bois, verre et plastique – et plus récemment, l'extension du **musée national d'Architecture** (*p. 31*). Les autres architectes contemporains privilégient une élégante sobriété dans le traitement des volumes et une fusion d'éléments stylistiques distincts qui pare l'effet de monotonie. Parmi les plus illustres : **Kristin Jarmund**, **Kari Nissen Brodtkorb**, auteur de l'immeuble *Stranden* à Aker Brygge, un quartier où œuvrent également Niels Torp, **Ivar Lunde** et **Morten Løvseth**. Les membres du cabinet **Snøhetta** (littéralement « blanche neige ») sont les moteurs de l'architecture et du design norvégiens à l'échelle nationale et internationale. On leur doit, entre autres, la bibliothèque d'Alexandrie (2002), une partie du Mémorial du World Trade Center (2014), le Centre d'art pariétal de Lascaux 4 (2016) et surtout l'**Opéra national de Norvège** (*p. 32*). Citons aussi le cabinet osloïte **A-lab**, qui a imaginé l'incroyable siège de la compagnie Statoil dans la banlieue d'Oslo (*p. 46*) et plusieurs buildings (DnB Nor, PWC) du projet Barcode (*ci-après*). À Bjørvika, vaste terrain de jeu pour les architectes, près de l'Opéra, se construit la **très audacieuse bibliothèque Deichman** (livraison prévue en 2019), conçue par deux cabinets norvégiens : **Lund Hagem Architect** et **Atelier Oslo**. Dans le centre-ville, deux autres cabinets locaux, **Nordic Office of Architecture** et **Haptic**, ont remporté en 2017 le concours emblématique pour la reconstruction du siège du gouvernement, dévasté par l'attentat de 2011.

… MAIS PAS QUE

Des architectes étrangers s'illustrent aussi à Oslo, comme **Renzo Piano** avec l'édification du musée Astrup Fearnley d'Art contemporain (*p. 27*). Ou encore le belge **Julien De Smedt** pour l'élégant tremplin de saut à ski d'Holmenkollen (*p. 51*). Toujours à Bjørvika, le cabinet MVRDV, basé à Rotterdam, participe au spectaculaire projet **Barcode** (*p. 33*). Dans le même quartier, le nouveau musée Munch, bâtiment tout en hauteur dessiné par l'architecte espagnol **Juan Herreros**, doit voir le jour à l'horizon 2020. Annoncé la même année, le **nouveau Musée national** (*p. 26*), tout en sobriété, a été conçu par un cabinet allemand.

Musée Astrup Fearnley dessiné par Renzo Piano Building Workshop (extérieur).
Ekely/iStock

Designe-moi un billet

L'ÉMERGENCE DU DESIGN

Le design est apparu, au début du 20e s., en réaction aux courants artistiques antérieurs dans ce qu'il est convenu d'appeler les arts décoratifs : le terme porte une valeur esthétique tout en sous-entendant une nouvelle approche basée sur l'abandon de la pièce unique longuement polie par l'artisan au profit d'une fabrication industrielle. Du mobilier au papier peint, des objets de la vie quotidienne aux vêtements, les designers ont évolué depuis un siècle : le modernisme, l'Art déco, le fonctionnalisme, le « design pop » jusqu'au minimalisme postmoderne des années 1990 auquel s'opposa un maximalisme flamboyant.

UNE RÉFLEXION COLLECTIVE

En dépit d'un attachement à leurs traditions, les Scandinaves abordent la modernité sans complexe et sans reculer devant l'expérimentation. Peut-être est-ce pour cette raison que tant d'architectes et de designers venus du nord se sont imposés. De la première moitié du 20e s., on retiendra les créations des verriers tels que **Sverre Pettersen**, et le mobilier d'inspiration japonaise créé par **Gerhard Munthe**. À partir des **années 1950**, le design scandinave écrit ses lettres de noblesse grâce à une mise en commun des forces créatrices entre pays voisins. Simplicité, fonctionnalité, élégance sont souvent les maîtres mots depuis 50 ans. Ainsi une célèbre lampe de **Birger Dahl** (1916-1998) rééditée en 2015 par Nothern Lighting, sous le nom de *Birdy*. Aujourd'hui, la démarche collective perdure, les designers vedette évoluant le plus souvent au sein d'équipes. Citons Norway Says (dissout), le duo osloïte StokkeAustad, Strek Design Collective ou Angell Wyller Aarseth.

À voir, les collections du musée des Arts appliqués au Musée national à partir de 2020 *(p. 26)* et **DogA** *(p. 35)*.

LA VALEUR DU PIXEL

La Banque de Norvège a décidé de renouveler ses billets en 2017. Un concours a donc été organisé pour imaginer le visuel avec pour thème imposé : la mer. Surprise, ce n'est pas une, mais deux agences locales qui ont été retenues. Le recto a été dessiné par **The Metric System** : plutôt classique, mais adapté aux éléments de sécurité à intégrer. Le verso est confié au célèbre cabinet **Snøhetta** (*p. 112*) qui a imaginé… des tableaux de pixels baignant dans un flou artistique représentant là un ferry, là une île. Poétique, lumineux, stupéfiant et unique au monde ! De quoi regretter un peu plus encore de « lâcher » vos très chères couronnes lors d'un achat…

Tradition et modernité des arts plastiques

LA NAISSANCE D'UNE PEINTURE NATIONALE

Rattachée bon gré mal gré à la Suède, la Norvège développa au cours du 19e s. une aspiration à la renaissance nationale qui se traduisit en peinture par l'avènement de l'**école romantique**. Parmi les artistes les plus représentatifs de ce style, essentiellement paysagiste, il convient de citer le pionnier, **Johan Christian Dahl** (1788-1857), mais aussi **Adolph Tidemand** (1814-1876) et **Hans Gude** (1825-1903), auteurs de nombreuses toiles empreintes d'une lumière volontairement dramatique. Si la génération suivante se perdit parfois dans la recherche d'une représentation quasi photographique de la réalité, on en détachera toutefois le nom d'**Erik Werenskiold** (1855-1938), auteur d'un remarquable portrait d'Ibsen.

Une **école réaliste**, voire franchement naturaliste, conduite par **Christian Krohg** (1852-1925) – dont *La Fille malade* ne fut pas sans inspirer Munch, son élève –, cohabita avec une **période symboliste** où les paysages apparaissent nimbés d'une atmosphère léthargique, comme chez **Lars Hertervig** (1830-1902).

Allez découvrir les tableaux de ces peintres à la **Galerie nationale** *(p. 20)*.

UNE ÉCRASANTE PERSONNALITÉ

L'enfance d'**Edvard Munch** (1863-1944) fut marquée par une longue maladie, suivie des morts de sa mère et de sa jeune sœur. Inspiré par le courant réaliste français, il s'installa à Paris en 1885, où il commença à travailler sur *L'Enfant malade*, tableau qui attira l'attention de la critique. De retour à Oslo, il fréquenta le milieu anarchiste et voulut peindre le désespoir de l'homme moderne. En 1889, il retourna à Paris, attiré cette fois par l'impressionnisme, puis influencé par le **symbolisme**.

L'exposition de ses créations à Berlin en 1892 fit scandale, mais il décida de s'y installer. Il rencontra August Strindberg avec lequel il s'entretint sur Nietzsche, qui eut une grande influence sur lui. En 1893, il exposa une partie du cycle de *La Frise de la vie*, qui raconte l'amour, la mort, l'obscurité et l'anxiété. Mais aussi *Le Cri* (dont il existe quatre versions) qui fit de lui le précurseur du **mouvement expressionniste**.

Le tableau attire aujourd'hui des millions de visiteurs à Oslo... et les voleurs : dérobé en 2004, le tableau a été retrouvé en 2006 !

En 1896, Munch revint à Paris où il se consacra avec succès à la lithographie. En 1909, il regagna définitivement la Norvège désormais

L. De Simone/AGF RM/age fotostock

Musée Munch.

indépendante et réalisa la décoration ensoleillée de l'auditorium de l'université (*p. 20*). Son intérêt pour le **mouvement socialiste** se traduisit par le célèbre *Travailleurs rentrant chez eux* (1913-1915). Durant les dernières années de sa vie, il peignit des paysages sensuels aux couleurs fortes.

Musée Munch *(p. 34)*.

DES ARTISTES À DÉCOUVRIR

Pour autant, cette œuvre immense et capitale de l'un des fondateurs de la peinture moderne ne doit pas occulter celle d'excellents artistes norvégiens. Parmi eux : **Axel Revold** (1887-1962), très présent dans les collections publiques du pays et qui décora la Bourse de Bergen, et **Jakob Weidemann** (1923-2001), qui fut le premier à introduire la peinture abstraite en Norvège. Suivront **Anna-Eva Bergman** (1909-1987) et **Gunnar S. Gundersen** (1921-1983), représentants de l'abstraction.
Dans les années 1970, les artistes norvégiens influencés par le pop art américain prennent part aux débats qui agitent le monde et le pays : par exemple, **Per Kleiva** (1933) et **Arne Malmedal** (1937) qui se fait connaître avec ses monochromes (tableaux à la Galerie nationale).
Parmi les artistes installés plus récemment sur le devant de la scène de l'art contemporain, signalons **Børre Sæthre** (1967) dont les installations vous transportent dans des univers déstabilisants. **Knut Åsdam** (1968), exposé dans le monde entier, combine installations et films. Quant à **Pia Myrvold** (1960), elle utilise brillamment les nouvelles technologies dans son art numérique.

LA SCULPTURE AU 20^E^ S.

Le sculpteur le plus éminent est le Norvégien **Gustav Vigeland** (1869-1943), qui fut le meilleur représentant d'un style de sculpture monumentale très personnelle et typiquement scandinave. Ses œuvres ornent le **Vigelandsparken** (*p. 47*), conçu comme un tout par l'artiste lui-même, qui y consacra une partie de sa vie.

Du drame au polar

UN ACTEUR DE L'ÉVEIL NATIONAL

Né à Skien, **Henrik Ibsen** (1828-1906) travailla dans les théâtres de Bergen et de Christiania (Oslo), parallèlement à la création de pièces historiques sans grand succès. Partie prenante dans la quête de l'identité nationale, il fonda en 1859, avec Bjørnsterne Bjørnson, la **Compagnie norvégienne** pour promouvoir l'art et la culture locale. En 1863, lauréat d'une bourse, il s'installa à Copenhague, puis à Rome, tout en continuant à écrire.
Son poème dramatique *Peer Gynt*, porté au théâtre en 1876 avec une musique d'**Edvard Grieg** (1843-1907), célèbre compositeur norvégien, rencontra un immense succès et fut considéré comme l'incarnation du génie national norvégien.
Dès lors, rompant avec le drame historique, Ibsen s'attacha à fouiller les caractères psychologiques et à analyser la société de son temps, dans des pièces à la mécanique très précise. *Maison de poupée* (1879), *Les Revenants* (1881), *Hedda Gabler* (1890) lui apportèrent la renommée en Europe. De retour en Norvège en 1891 (*Ibsenmuseet, p. 22*), Ibsen mena une vie si réglée que, dit-on, les habitants de Christiania pouvaient ajuster l'heure de leur montre sur son passage ! Ibsen décéda un an après l'indépendance du pays.
Ces dernières années, **Karl Ove Knausgård** (1968) s'est imposé comme la figure majeure de la littérature norvégienne avec son cycle de romans puisant dans l'autofiction, *Mon Combat*, traduit dans de multiples langues.

UNE VILLE AU CŒUR DE L'INTRIGUE

Le roman policier est-il une invention scandinave ? C'est en tout cas ce qu'affirme le créateur norvégien du détective de Bergen Varg Veum, **Gunnar Staalesen** (1947). Toujours est-il que la société policée des pays scandinaves se prête admirablement à ce genre. Les « reines du crime », **Karin Fossum** (1954), auteur entre autres de *L'Œil d'Ève* et *Ne te retourne pas !*, et **Anne Holt** (1958), à qui l'on doit *Cela n'arrive jamais* ou *Haine*, font partie des grands succès éditoriaux. Oslo possède également son détective, le célèbre Harry Hole, créé par **Jo Nesbø** (1960) qui y enquête ainsi dans une dizaine de romans très violents, au succès international. Les auteurs de polars s'approprient souvent une ville dont ils font le personnage principal. Jo Nesbø ne prétend pas dresser un portrait réaliste d'Oslo (celle d'aujourd'hui ou celle des années 1970 comme dans *Du Sang sur la glace*), mais il utilise et décrit précisément des lieux et des ambiances bien réels, tout en offrant un regard acéré sur la société norvégienne contemporaine.

Une nature nourricière

Morue, boulettes de viande, chou et pommes de terre... les Norvégiens ont longtemps accommodé sans grande imagination les denrées locales disponibles. Mais aujourd'hui, si on ne voue pas encore un culte au repas, les poissons d'une fraîcheur incomparable, les gibiers, les baies et d'excellents produits laitiers sont mieux valorisés. Simplement préparés pour en préserver l'authenticité, ou déclinés de mille et une façons par de jeunes chefs talentueux, ils réservent une savoureuse surprise.

EN DIRECT DE LA MER

Le **poisson** et les **fruits de mer** constituent l'une des bases de la cuisine norvégienne. Le fameux **saumon** local *(laks)* et la **truite** sont souvent servis pochés avec une noisette de beurre et du persil ou tout simplement grillés. Le **cabillaud**, et sa version salée et séchée qu'est la **morue**, se prépare de diverses manières, le plus souvent en *lutefisk* dont les Norvégiens sont friands. La morue séchée puis macérée dans une solution d'hydroxyde de sodium est enfin plongée pendant une semaine dans de l'eau froide changée quotidiennement. Ce mets au goût plutôt fort est servi avec une purée de pois cassés et des pommes de terre. Le poisson se consomme aussi en boulettes *(fiskeboller)*, en soupe *(fiskesuppe)*, mariné, fermenté et bien sûr fumé (le fumage de poissons concerne aussi bien le saumon et le cabillaud que l'anguille, le maquereau et le hareng). Goûtez au **gravlaks** (saumon mariné à l'aneth) et au hareng salé (consommé avec un verre d'aquavit).

Les crustacés et les fruits de mer les plus fréquemment consommés, surtout l'été, sont le homard, le crabe (notamment le fameux crabe royal) et les crevettes. La baleine *(hval)* et le phoque *(sel)*, servis en steaks, conservent leurs amateurs.

POUR LES CARNIVORES

Le porc et le bœuf sont appréciés en ragoûts, boulettes et lors des sacro-saints barbecues estivaux. L'**agneau** *(lam)*, dont les troupeaux paissent en quasi-liberté, est sans doute ce que la Norvège a de mieux à offrir. Ne manquez pas le *fenalår*, du gigot salé et séché, le *fårikål*, un ragoût au chou assez épicé, et le *morr*, une saucisse fumée. Le terme **spekemat** désigne l'ensemble des viandes séchées et fumées souvent présentées sur les buffets.

CHASSEURS-CUEILLEURS...

La forêt et la toundra offrent toutes sortes de produits qui, pour le visiteur qui en a les moyens, seront de belles découvertes. On goûtera l'**élan** *(elg)* en rôti ou en pâté, et le **renne** *(reinsdyr)* élevé dans le Grand Nord, servi fumé, en *burger ou* en

UncleDmytro/iStock

Smørbrød au saumon.

tranche, alors accompagné d'airelles. Les sous-bois et les zones humides regorgent de champignons, mais surtout de **baies** *(bær)* qui constituent d'excellents desserts : les airelles *(tyttebær),* les myrtilles *(blåbær)* et les douces *multer*, des mûres arctiques jaune orangé qui poussent dans le Finnmark. Les baies sont habituellement servies mélangées à de la crème fraîche battue *(multekrem)*.

LES FRUITS ET LÉGUMES

Grâce à de coûteuses subventions qui permettent de préserver l'agriculture locale, le pays produit des fruits *(frukt)* et des légumes *(grønnsaker)* vendus à des tarifs bien supérieurs à ceux importés du sud de l'Europe. La région des fjords est le **verger norvégien** : pommes de Leikanger, fraises de Valldal, cerises de Lofthus. La rhubarbe est excellente en compote accompagnée de crème. Quant aux **légumes**, mis à part la pomme de terre, ils font très souvent office de « décoration ». Le chou et le panais, rapportés d'Angleterre par les Vikings, et les mélanges surgelés (carottes, brocolis) sont les plus consommés.

LES PRODUITS LAITIERS

Si l'offre est peu variée, ils sont excellents et assez bon marché.

Un fameux fromage brun (qui n'en est pas un)
Vous l'aurez forcément remarqué au petit-déjeuner ou au rayon des produits laitiers des commerces locaux. Le ***brunost*** *(ou geitost, « fromage brun ») a en effet de quoi étonner : une étrange couleur, un aspect savon de Marseille... Il semble n'avoir été inventé que pour garnir sans effort des sandwichs ou des burgers. On le produit pourtant depuis plusieurs siècles ! Ce nom générique cache plusieurs spécialités, de la recette traditionnelle de la vallée de Gudbrand (12 % de lait de chèvre) au Ekte Geitost (100 % chèvre). Le préfixe « ost » (fromage) est trompeur puisqu'il s'agit en fait d'une réduction de petit-lait à laquelle on ajoute de la crème et/ou du lait. Le goût évoque celui d'un caramel doux. Il garnit donc les sandwichs et surtout les crêpes, celles du matin ou celles que l'on avale en nombre lors des voyages en ferry. Sucré et assez pâteux... Une fine tranche suffit. D'où l'utilité de l'****ostehøvel****, une râpe inventée en 1925 et que vous devrez apprendre à manier.*

On trouvera des yaourts et du *skyr* (fromage blanc maigre et épais). Le *jarlsberg*, produit dans les régions proches d'Oslo est le **fromage** le plus commun. Produit depuis le 19e s. en s'inspirant de l'emmenthal suisse, il se caractérise par un léger goût de noisette et un grand succès à l'exportation (vers les États-Unis). Plus intéressants, voire étonnants, les fromages de chèvre du village d'Undredal, le *gammelost*, fromage à pâte molle mais que l'on sert très mature ce qui lui confère un goût puissant, le *pultost* parfumé au carvi et le fameux *brunost* (*encadré ci-dessus*), un vrai-faux fromage brun au goût qui évoque le... caramel !

LE(S) PAIN(S) QUOTIDIEN(S)

On consomme une **grande variété** de pains, très différents de ceux vendus dans les boulangeries françaises. Si les *bagels, ciabatta* et *focaccia* sont servis le midi dans nombre de cafés sous forme de *smørbrød* (« sandwichs ouverts »), et si le pain de mie congelé a la faveur de nombre de locaux, il faut avant tout essayer les excellents pains complets (seigle, épeautre) ou les pains noirs légèrement sucrés qui accompagnent les poissons fumés, les divers types de pains plats *(flatbrød)*, sortes de pains azymes parfois légèrement fumés, ou les craquantes variétés de *knekkebrød*, popularisées par la marque suédoise Wasa.

LES PLAISIRS SUCRÉS

Les Norvégiens aiment le sucre sous toutes ses formes et à toute heure. Les **gaufres** *(vafle)* et les crêpes épaisses *(pannekake)*, accompagnées de baies et de crème, fourrées de *brunost* ou de sucre à la cannelle, sont des en-cas populaires, tout comme les **boller**, de petites brioches rondes, nature ou aux raisins et souvent insipides. L'été, on se promène une glace *(iskrem)* à la main, de préférence nappée et décorée de bonbons variés. Parmi les autres desserts : *riskrem* (crème de riz et sauce aux baies), *tilslørte bondepiker*

(constitué de pommes cuites, crème fouettée et miettes de pain grillé) et divers gâteaux *(kake)* aux amandes ou aux fruits.
Quant aux amateurs de chocolat, ils auront bien du mal à trouver leur bonheur. On préfère ici les barres et bonbons chocolatés très sucrés produits par la marque nationale Freia, fondée en 1889 (*p. 72*).

LES BOISSONS

Eaux, jus et sodas

Les **sodas** sont bus en grande quantité. L'**eau minérale** en bouteille est hors de prix ; celle du robinet est fraîche et excellente. Ne manquez pas les **jus à base de baies**.

Alcools

On consomme ici beaucoup d'alcool, notamment le week-end, malgré un coût prohibitif.
La **bière** *(øl)*, essentiellement blonde, légère et d'inspiration allemande, est la boisson nationale avec ses classiques Ringnes, Hansa ou Aass. Les petites brasseries locales proposant d'intéressants breuvages se multiplient. Vous en trouverez quelques-unes à Oslo, notamment à Grünerløkka (*p. 70*).
Goûtez aussi les **cidres** (de pomme ou de poire), spécialités des villages des fjords. Quant au **vin**, très cher, il gagne en popularité… au point que, depuis 2007, on produit du vin blanc dans le Telemark.
On ne saurait oublier l'**aquavit** *(akevitt)*, une eau-de-vie fortement alcoolisée. Celui de la marque Linie, typiquement norvégien, a la réputation d'être l'un des meilleurs. On lui ferait même faire le voyage aller et retour jusqu'en Australie sous prétexte que le fait de franchir l'équateur en améliore considérablement la qualité ! C'est en fait le tangage et le roulis qui permettent au précieux breuvage de s'imprégner des saveurs du fût de bois dans lequel il est transporté.
À savoir : si la bière s'achète en supermarché, les alcools forts ne se trouvent que dans les magasins d'État Vinmonopolet. Pour acheter ou consommer, il faut avoir 18 ans pour la bière et le vin, 20 ans pour les alcools forts.

Café en quantité

La première mention du café en Norvège date de 1694. Les locaux ont depuis une forte affinité pour ce breuvage dont ils sont parmi les plus grands consommateurs au monde. Soit aujourd'hui 160 l/pers. par an. Comment expliquer qu'un pays très pauvre et dépourvu de colonies productrices de café soit devenu dès la fin du 18e s. accro au café ? En bénéficiant de tarifs très bas grâce aux Danois (à qui la Norvège appartenait) qui en contrôlaient le commerce aux îles Vierges. Une production « locale » donc non taxée ! Expresso, au lait, long ou ultraléger à l'américaine, on le trouve partout. Chaque ville compte de chaleureuses adresses où, parfois dans une bonne odeur de grains torréfiés sur place par des passionnés, on sirote de bonnes préparations entre amis (*p. 70*).

A

B

C

D

E

Collection sous la direction de Philippe Orain

Responsable d'édition et rédactrice en chef du guide : Catherine Guégan

Secrétaire d'édition	Catherine Girard
Rédaction	Gilles Guérard, Ilan Klipper, Elisabeth Morris, Pierre Plantier, François Sichet, Olivier Truc
Remerciements	Delphine Vallon, Innovation Norway Paris
Ont contribué à ce guide	Theodor Cepraga, Iulia-Elena Costache, Thierry Lemasson (**Cartographie**), Véronique Aissani, Carole Diascorn (**Couverture**), Maria Gaspar, Marie Simonet, Sophie Roques (**Iconographie**), Bénédicte Lathes, Isabelle Foucault, Marion Desvignes-Canonne, Irina Răcaru (**Données objectives**), Bogdan Gheorghiu, Cristian Catona, Hervé Dubois, Pascal Grougon (**Prépresse**), Dominique Auclair (**Pilotage**) Plans de ville : © MICHELIN et © 2006-2017 TomTom. All rights reserved.
Conception graphique	Laurent Muller (couverture et maquette intérieure)
Régie publicitaire et partenariats	business-solutions@tp.michelin.com *Le contenu des pages de publicité insérées dans ce guide n'engage que la responsabilité des annonceurs.*
Contacts	Michelin Guides Touristiques 27 cours de l'Ile Seguin, 92100 Boulogne Billancourt Service consommateurs : tourisme@tp.michelin.com **Parution 2019**

Crédits photographiques p. 4-5
(de gauche à droite et de haut en bas)

AsianDream/iStock
E. Berg/cabinet d'architecture Snøhetta/Den Norske Opera & Ballett
SuperStock/age fotostock
C. S. Pereyra/age fotostock
jvdwolf/iStock
C. S. Pereyra/age fotostock
Calle Montes/photononstop
RicoK69/iStock

Michelin Travel Partner

Société par actions simplifiée au capital de 15 044 940 EUR
27 Cours de l'Ile Seguin - 92100 Boulogne Billancourt (France)
R.C.S. Nanterre 433 677 721

Dépôt légal : 09-2018 – ISSN 0293-9436
Compograveur : Michelin Travel Partner, Boulogne-Billancourt
Imprimeur : IME, by Estimprim, Autechaux
Imprimé en France : 09-2018

Usine certifiée 14001
Sur du papier issu de forêts gérées durablement (100 % PEFC)